# 围绕卫星星座的法律问题

# Legal Aspects Around Satellite Constellations

［奥］安妮特·弗勒利希（Annette Froehlich）◎编

李建成　朱　珉　辛　蕾　常　笑◎译

中国宇航出版社

·北京·

著作权合同登记号：图字：01－2022－6622 号



**图书在版编目（CIP）数据**

围绕卫星星座的法律问题 /（奥）安妮特·弗勒利希（Annette Froehlich）编；李建成等译.-- 北京：中国宇航出版社，2023.1

书名原文：Legal Aspects Around Satellite Constellations

ISBN 978-7-5159-2173-0

Ⅰ.①围… Ⅱ.①安… ②李… Ⅲ.①外层空间一空间法一研究 Ⅳ.①D999.1

中国版本图书馆 CIP 数据核字(2022)第 248898 号

**责任编辑**　张丹丹　　**封面设计**　王晓武

**出版 发行**　中国宇航出版社

**社　址**　北京市阜成路 8 号　**邮　编**　100830
(010)68768548

**网　址**　www.caphbook.com

**经　销**　新华书店

**发行部**　(010)68767386　(010)68371900
(010)68767382　(010)88100613（传真）

**零售店**　读者服务部　(010)68371105

**承　印**　北京中科印刷有限公司

**版　次**　2023 年 1 月第 1 版
2023 年 1 月第 1 次印刷

**规　格**　787×1092

**开　本**　1/16

**印　张**　7.5

**字　数**　118 千字

**书　号**　ISBN 978-7-5159-2173-0

**定　价**　78.00 元

本书如有印装质量问题，可与发行部联系调换

# 译者序

随着人类太空探索深入推进，对空间资源的开发与利用成为国际社会愈加关注的热点。近年来，星链、一网等巨型星座相继发射入轨并规模运用，太空交通管理活动呈现出新特点，对国际太空法律监管问题带来系列新挑战，需要我们未雨绸缪、深入研究。

《Legal Aspects Around Satellite Constellations》一书由欧洲空间政策研究所安妮特·弗勒利希组编，收录7位学者的研究成果。本书围绕新航天时代卫星星座引发的法律问题展开研究，探讨了如何通过优化空间法律制度确保稀缺轨道频率、轨位资源的公平获取和有效使用，研究了国际电信联盟对卫星星座的监管框架及其频率指配机制的优化方案，并提出了空间碎片风险与减缓、在轨碰撞责任界定等方面的法律建议，为未来卫星星座空间活动的法律监管问题提供了参考。

本书紧贴当前太空热点问题和卫星星座发展需求，对我们在法律框架下推进外层空间和平利用、有效实施太空交通管理，特别是大型卫星星座管理具有一定借鉴意义。本书可供从事太空交通管理、航天器在轨管理以及卫星星座设计和管理人员参考，也可供从事外空政策法规和履约人员参考。

为便于读者全面了解原书作者的观点和思想，把握国外学者在该领域的研究思路和水平，我们在翻译过程中对作者的基本观点未做技术处理，但这并不代表译者赞同这些观点，请读者在阅读时注意鉴别。

本书在成稿过程中，得到王成勇、吕铁鑫等同仁的热心帮助，在此表示衷心感谢。

由于译者水平有限，书中难免存在纰漏和不妥之处，敬请读者批评指正。

译　者

2023年1月

# 前言[1]

鉴于卫星星座领域活动的急剧增加，欧洲空间政策研究所（ESPI）、欧洲空间法中心（ECSL）和德国宇航局（DLR）共同邀请来自全球范围的学者就“围绕卫星星座的法律问题”议题提交研究报告。围绕卫星星座的法律问题已到不得不谈的重要程度。不仅如此，卫星星座还引发了不同领域（环境、经济、安全、许可、控制等）广泛而有趣的议题，反映出该议题的复杂关联性。

议题关注的主要焦点是如何对稀缺轨道资源（包括地球静止轨道和近地轨道）进行管理，从国际社会整体需求和利益出发，确保资源的有效使用和公平获取。私营实体的崛起及其巨型星座的部署规划，对近地轨道资源提出了巨大需求。面对这种情况，频率指配工作必须公正、公平，要避免主要太空实体独占低轨资源的情况发生。需要特别指出的是，即便来自美国等老牌航天大国的商业公司，声称构建互联网星座是为了造福全人类，也不应将轨道资源消耗殆尽，导致未来新兴太空实体再无轨道资源可用。

随着私营实体的出现，再加上国家已不再是占据轨道资源的主要行为体，有种观点认为，应当加强相关空间活动的法律确定性。因此，提出的建议包括：针对卫星星座的管理问题，分析国际电信联盟（ITU）提供的相关电信法规与联合国条约授权的外层空间利用准则之间的联系，在法律规制和灵活解决方案之间达成一致。国际电信联盟采用的灵活机制，既能确保频率指配的及时性，又能避免出现频率囤积现象。此外，制定保护卫星免遭相互干扰的规则也

① 本书作者所提观点、所举例子仅代表作者个人立场，不体现译者想法。且有时不同文章作者对同一定义存在不同表达，仅在该章内保持统一。——译者注

至关重要，尤其是对巨型星座系统。

最后我想说的是，虽然发展卫星星座提供了新的机遇，但同时也带来了空间碎片碰撞风险，微小卫星星座的出现使这一隐患变得更加突出。因此，面对数量庞大的卫星，要考虑卫星寿命末期报废处置的问题，审视现有相关法律规则是否足以适应未来将要部署的卫星星座。

欧洲空间法中心执行秘书玛丽·阿曼达·埃尔德霍尔姆（Mari Amanda Eldholm）的长期支持对本项目的完成非常重要，在此对她的热情帮助表示衷心感谢。

安妮特·弗勒利希（Annette Froehlich）

奥地利　维也纳

2018 年 10 月

# 目　录

# 第 1 章　公平高效利用外层空间及其资源以及联合国、国际电信联盟、缔约国的作用

玛歌·莫尔辛克（Margaux Morssink）

**摘　要**　近年来，卫星星座及其配套基础设施如雨后春笋般蓬勃发展。虽然催生了大量技术进步、创新和发展机遇，但同时也使各国政府、航天机构和私营实体面临着监管和法律层面的挑战。

卫星星座及其配套基础设施的出现引发了众多挑战。本章将围绕卫星星座问题，重点聚焦电信法与外层空间法的关系，探讨频率稀缺问题。这在传统上属于（国内/国际）电信法范畴，但由于卫星星座的出现，目前也成为空间法领域的热门话题。本章还提出一个议题，即面对新情况主管部门和国际组织应当如何发挥作用，并尝试对其中几个问题给出答案。

## 1.1　引言

过去几年，卫星星座取得了长足进展。几家商业公司对外宣告，它们已着手构建卫星星座，并据此向整个地球范围提供互联网服务。[①] 根据这些发展计划，数量越来越多的卫星正在或将被送入太空，持续加剧近地轨道、地球静止轨道以及其他各类轨道的拥挤程度。另一个事实是，伴随着技术进步，私营实体在航天产业领域得以崛起。这意味着，私营实体拥有了比以往更大的影响力，

---

本文仅代表作者个人立场，与其所在机构荷兰无线电通信局无关。

①See for example：SpaceNews，‘SpaceX，OneWeb detail constellation plans to Congress’（October 26，2017）<https：//spacenews. com/spacex－oneweb－detail－constellation－plans－to－congress/> accessed 29 September 2018.

而他们更加注重对经济因素的考量。此外，除了更加显而易见的空间环境问题（如轨道拥挤、碎片减缓），卫星通信相关事宜也不应忽视。卫星星座及其配套基础设施的增加可能会引发特定频率的拥挤问题。一般而言，频率是一种稀缺资源。若未来部署更多的卫星星座，将对卫星频率申报造成什么影响？国际电信联盟对此应如何监管？对于国际电信联盟所规定的卫星投入使用机制又意味着什么？当前，各国政府负责履行以移动、广播通信业务为代表的无线电频率监管职责，那么卫星星座的频率监管是否也应由各国政府负责呢？本章将探讨上述问题，并抛出一个论断：对于频率监管问题，应当建立统一的法律规范，以避免国家之间的“交易”以及频率资源的囤积问题。

本章将在卫星星座的范畴内，讨论空间法与电信法的关系。从表面上看，卫星星座的部署问题只与空间法有关，如空间环境（离轨、外层空间的可持续利用）、安全、经济等方面。但事实上，卫星星座的出现也涉及电信法的规则范畴。这里明确提出，尽管过去空间法和电信法属于两个彼此独立的法律范畴（联合国《外层空间条约》和国际电信联盟《无线电规则》），但未来两者之间将会产生越来越多的交集，这一点在卫星星座及其配套基础设施方面表现得尤为明显。外层空间的拥挤问题，不仅表现在卫星所占据的物理空间，也表现在卫星所使用的频谱空间。

联合国外层空间事务办公室与国际电信联盟联合发布了一份关于微小卫星空间物体登记与频率管理的指南文件。该文件可用以指导卫星星座的管理相关事宜，因为许多卫星星座就是由低轨小卫星构成的。文件主要对某些现有法律规则进行了阐释。在卫星发射与运管方面，现有法律已经明确的要求有：“向国际电信联盟申报并登记使用的无线电频率，在卫星先期规划和后期运管期间都必须考虑空间碎片减缓问题，向联合国秘书长报备发射卫星的具体信息。”[①]因此，对于发射和运管由微小卫星构成的卫星星座，必须在两个领域同时明确相应的规则。

① United Nations Office for Outer Space Affairs and the International Telecommunication Union UNCOPUOS (Legal Subcommittee) Fifty-fourth session 13 - 24 April 2015 ‘Guidance on Space Object Registration and Frequency Management for Small and Very Small Satellites’ (13 April 2015) A/AC. 105/C. 2/2015/CRP. 17.

## 1.2　法律制度

### 1.2.1　电信法

（1）国际电信联盟

国际电信联盟成立于 1865 年（当时名为国际电报联盟），2015 年迎来了其 150 周年纪念[①]。国际电信联盟主要负责协调全球无线电频率的管理使用。一般而言，各国政府拥有管理本国电信事务的主权。建立和监管通信手段历来属于一国的国内事务。但是，为了切实有效地利用（国际）通信资源，建立一套所有国家都认同并遵守的规则势在必行。[②] 由此，基于国家与私营实体之间的国际合作准则，国际电信联盟应运而生。[③]

《国际电信联盟组织法》第 1 条[④]阐述了国际电信联盟的宗旨：

1）维护和扩大国际电信联盟会员之间的国际合作，以改进和合理使用各种电信业务。

2）促进电信技术设施的发展及其与之适配的有效运营方式，以提高电信业务的效率，增强其有效性。

3）通过与其他世界性和区域性政府间组织以及与电信有关的非政府组织的合作，在国际层面以更广泛的方式解决全球信息经济和社会中的电信问题。

围绕这些宗旨，国际电信联盟主要开展无线电频段划分、无线电频率分配及其指配登记工作[⑤]，以避免不同国家的无线电电台之间发生有害干扰。一份国际电信联盟决议指出，国际电信联盟无线电通信部门（ITU－R）的目标是确保所有无线电通信业务，包括使用卫星轨道开展的无线电通信业务，合理、

---

① 原文为 105 周年，应为笔误。——译者注

② Francis Lyall, *International Communications*, *the International Telecommunications Union and the Universal Postal Union* (Ashgate 2011), pp. 3－4.

③ Constitution of the International Telecommunication Union 1992, article 2.

④ Constitution of the International Telecommunication Union 1992, article 1.

⑤ 根据国际电信联盟《无线电规则》，中文术语“划分”“分配”和“指配”，分别对应英文术语“allocation”“allotment”和“assignment”。——译者注

公平、高效、经济地使用无线电频率资源。[①]

(2) 国际电信联盟的申报程序

国际电信联盟《无线电规则》(RR) 约定了申报使用无线电频率的协调程序，主要包括以下步骤：

1) 提前公布资料 (API)[②]。

2) 与其他国家进行协调[③]。

3) 申报并在《国际频率登记总表》(MIFR) 中登记使用频率。

《国际频率登记总表》登记了所有向国际电信联盟申报使用的频率。一个国家或非政府组织计划发射卫星之前，应当首先查询《国际频率登记总表》，而后确定使用频率。《国际频率登记总表》在某种意义上相当于国际频率使用的"数据库"，因此向国际电信联盟申报使用频率非常重要。

《无线电规则》具体条款对申报程序进行了详细规定。通常，无论对于地球静止卫星还是非地球静止卫星，主管部门应当在指定时间段内向国际电信联盟提交 API 资料。指定时间段为卫星网络或系统投入使用日期的前 2 至 7 年之间[④]。可见，卫星网络或系统的投入使用日期是申报程序中的一个关键信息要素。如果主管部门未能在申报时限内投入使用卫星网络或系统，国际电信联盟在履行告知（提前 3 个月通报该国）义务后，可以收回为其指配的频率资源[⑤]。这种做法符合国际电信联盟的宗旨，即确保无线电频率的公平有效使用。此外，对于某些特殊的空间目标，可以采用简化申报程序（主要取决于使用频段)。[⑥]

(3) 近期发展和存在的问题

上述申报程序在灵活性上有所欠缺。若计划发射一颗卫星，则仅涉及一个

---

① Radio Regulations 1995, Annex to Resolution 71, Background on the strategic plan for the Union for 2016 - 2019.

② Radio Regulations 1995, Article 9, Section Ⅰ.

③ Radio Regulations 1995, Article 9, Section Ⅱ.

④ Ibid. under n. 9 and 10.

⑤ Radio Regulations 1995, Article 11.44.

⑥ United Nations Office for Outer Space Affairs and the International Telecommuniction Union UNCOPUOS (Legal Subcommittee) Fifty - fourth session 13 - 24 April 2015 'Guidance on Space Object Registration and Frequency Management for Small and Very Small Satellites' A/AC. 105/C. 2/2015/CRP. 17.

频率，这种情况下，通常不会产生连锁反应。但是，若计划发射卫星星座，则涉及多个API资料的协调问题。星座由许多卫星组成，通常需要使用几个不同频率。此外，这些卫星通常不会在同一时间发射，这就涉及一些新的问题。应在何时申报使用频率？能否一次性为所有卫星备案频率？若能一次性申报，如何界定卫星星座的投入使用时间？是否以星座中第一颗卫星的投入使用时间作为整个星座的投入使用时间呢？这样可能不妥，由于第一颗卫星可能比其他卫星提前若干年投入使用，若在此时申报所有卫星的使用频率，则会导致频率的囤积问题。私营实体可能会为了经济利益而申请占有尽可能多的频率资源，由此引发的频率囤积有悖于有效使用频率资源的宗旨。有业内人士主张进一步细化《无线电规则》条款，明确卫星网络或系统的投入使用机制，如增加里程碑。在2015年世界无线电通信大会（WRC-15）上，国际电信联盟讨论了卫星星座与投入使用机制的问题，无线电通信部门（ITU-R）还在本次大会上审阅了针对频率指配申报及卫星投入使用机制的新增规则提案。[①]

### 1.2.2 空间法

（1）空间法大全

联合国关于利用外层空间的条约确立了所有空间活动的全球法律框架。无论是地球静止轨道上运行的大型卫星，还是组成低轨星座的微小卫星，一旦成功发射，每颗卫星都被定义为“空间目标”。根据《责任公约》第一条，空间目标包括组成航天器的各个组件以及运载器及其部件。2017年1月27日，有外层空间“宪法”之称的《外层空间条约》迎来了其颁布50周年纪念。《外层空间条约》第六条规定，缔约国对政府组织和非政府组织在外层空间开展的空间活动均承担国际责任，对缔约国的权利和持续监督权责进行了约定。

《外层空间条约》第一条规定，探索和利用外层空间应本着为所有国家谋福祉与利益的精神，无论其经济或科学发展程度如何，这种探索和利用应是全人类的事情。《外层空间条约》（以及其他关于利用外层空间的条约）始终秉承

① Yvon Henri, ‘Regulatory challenges for small satellites and new satellite constellations’ (ITU International Satellite Symposium 2017, Bariloche, 29-31 May 2017).

所有国家合作平等利用外层空间的原则。条约中“属于全人类”的说法也适用于其他公共资源，如公海和深海海床。全人类的“共同资产”，突出表明《外层空间条约》的宗旨是外层空间利用和探索应当考虑全人类利益，不得歧视暂不具备航天能力的国家。[①] 在国际电信联盟的规则条款中也能看到类似表述，因为二者都建立在平等利用和国际合作的原则之上。

（2）近期发展和存在的问题

近年来，在外层空间活动中私营实体迅猛发展。人们对空间条约的监管及法律框架的认识也发生了改变。同时，这也对缔约国提出了挑战，即在当前监管及法律框架内如何适应新的发展变化。

过去，外层空间的利用和探索仅限于美苏两个冷战大国。如今，却涌现出许多其他国家，乃至私营实体。《外层空间条约》是联合国关于利用和探索外层空间的核心条约，地位非常重要。但不可否认的事实是，该条约起草于与当前历史条件完全不同的50多年前。因此，许多学者提出应当修订条约，使其适应现状。人们难以预测未来的具体细节。例如，在20世纪60年代，谁能预见如今的人类可以攻克小行星着陆技术，并在外层空间建立国际空间站呢？但是，这些并不意味着《外层空间条约》是陈旧过时的。事实上，它至今仍是非常重要的法律框架，既建立了一套规则，又为缔约国留有足够的灵活性。

《外层空间条约》的关注焦点主要集中在缔约国（缔约国对该国的非政府组织活动负责），但现如今外层空间的私有化及其他技术发展，对原有法律框架提出了需要更高适应性的新需求。

### 1.2.3 法律制度之间的关系

尽管两种法律制度产生于不同的发展背景（联合国条约为外层空间的利用和探索提供了一般准则，且约束对象主要是各缔约国，后者既对政府行为负责，也对非政府行为负责；国际电信联盟聚焦于电信资源的使用，且约束对象

① Stephan Hobe, 'Article I of the Outer Space Treaty' in Prof. Dr. Stephan Hobe, Dr. Bernard Schmidt - Tedd and Prof. Dr. Kai - Uwe Schrogl (eds) *Cologne Commentaries on Space Law* (Wolters Kluwer 2013).

纳入了私营实体)，但在本质上是互相联系的。正如前文指出的那样，两种法律制度都强调在国际合作的基础上平等利用外层空间及其资源。《外层空间条约》面向各国政府，强调缔约国对该国政府与非政府实体行为均承担责任和义务；而《无线电规则》既面向各国政府，又面向私营实体。另一个不同在于，《外层空间条约》自1967年生效后从未修订过，而国际电信联盟利用每届世界无线电通信大会不断修订相关条款。因此，国际电信联盟的法律框架更加灵活，允许适当调整，而《外层空间条约》的法律框架更为稳定。

当一个实体计划发射卫星时，两种法律制度都将发挥作用。在许多国家，两种法律制度由不同的政府部门负责对接，即设有单独的主管部门分别负责空间活动和频率申报工作。但是，通过发射卫星从而利用外层空间的活动，不可避免地会涉及频率指配方面的国际协调事务。我们认为，随着卫星星座及其基础设施的迅猛发展，两种法律制度之间的联系将越来越紧密。此外，由于联合国关于利用和探索外层空间条约的法律框架为缔约国留有足够的灵活性，为促进基于卫星星座的外空利用和探索，我们认为应进一步细化相关规则和条款。

## 1.3　存在的问题

### 1.3.1　频率的稀缺性以及政府的作用

人们通常将频率资源视为稀缺资源或有限资源。航天技术的迅猛发展，不仅导致特定轨道空间愈发拥挤，也使特定频率更加稀缺。随着未来更多卫星发射入轨，对于特定频率的需求必定只增不减。正如其他资源一样，随着需求不断增加，频率的稀缺性也会持续加剧。

对于广播和移动应用，通常由各国政府负责用频划分。大多数国家都认同，他们有责任对无线电频率进行指配，并应谋求经济、社会和文化利益的综合收益。此外，为了防止有害干扰，也应由各国政府或国际组织对频率资源进行统一管理。[①]

① See for example the Netherlands Radio Spectrum Policy Memorandum (2016).

对于频率申报，主管部门必须遵守国际电信联盟的规则条款。API 资料公布必须遵循一套严格正规的程序，一般不得变通。

### 1.3.2 频率囤积

由于特定频段的频率是稀缺资源，再加上频率申报程序相当严格，而《无线电规则》对卫星星座频率申报尚未明确具体细节，极易引发频率囤积现象。卫星星座迅猛发展的背后推手是商业航天公司，而后者通常由经济利益所驱动。既然频率属于稀缺资源，那么申报频率就是提前占有有价资产。只要卫星星座频率申报规则不清晰，频率囤积现象则不可避免。显然，这种发展趋势并不符合有效利用频率资源的原则。

卫星星座一般部署在非地球静止轨道。现在的问题是，卫星星座的投入使用时间难以界定。假设某卫星星座由 200 颗不同时间发射的卫星组成，那么不同卫星的投入使用时间显然不同。在这种情况下，如何界定整个卫星星座系统的投入使用时间呢？以第一颗卫星的发射入轨时间为准吗？那么那些尚未发射的卫星是否也采用同样的投入使用时间呢？如果以此计算投入使用时间，则会导致空间活动主体申请过多的频率资源，很有可能其中某些频率资源在 API 资料申报后 7 年内并未使用（甚至永远不用）。此外，还有一个问题，由于所有使用频率必须向国际电信联盟报备并登记在《国际频率登记总表》上，而一个主管部门在申报频率之前又必须首先查询作为国际频率使用数据库的《国际频率登记总表》，这将导致大量频率资源被“纸面申报”占用，从而造成低效的资源利用率。

根据《无线电规则》第 11.44 款，当某颗地球静止轨道卫星部署在其所申报的轨道位置后，能够连续 90 天以上发射或接收其所申报的频率，则该频率指配视为已启用。对于非地球静止轨道卫星（大部分卫星星座属于此类卫星），目前国际电信联盟在实践中也采取与地球静止轨道卫星类似的规则。当某颗非地球静止轨道卫星能够连续 90 天以上发射或接收其所申报的频率时，则该频率指配视为已启用。[1] 这种做法符合国际电信联盟《无线电规则》第 11. 44 款的规定。

## 1.4 对存在问题的思考

正如第 1.2.2 节所述，联合国关于利用和探索外层空间条约的关注焦点主要集中在缔约国，建立在缔约国对一国政府和非政府组织活动负责的理念之上。由于《外层空间条约》起草于冷战时期，有学者认为该条约已经过时，但是作为联合国关于利用和探索外层空间条约的核心条约，《外层空间条约》奠定了坚实的法律框架。《外层空间条约》自 1967 年生效后从未修订过，但联合国后续又陆续出台了几部软法文书。缔约国被鼓励在联合国关于利用和探索外层空间条约的基本框架内，根据当前以及未来的发展变化灵活开展空间活动。例如，英国政府正在制定针对小卫星的红绿灯提案，提出简化小卫星许可程序；海牙空间资源管理组织基于空间采矿和空间资源利用的最新进展，致力于研究空间操控和空间资源权的问题；机构间空间碎片协调委员会（IADC）出台的《空间碎片减缓指南》，作为一部空间软法目前已得到多国认可。

上述例子说明，基于《外层空间条约》以及其他关于利用和探索外层空间条约的现有框架，各国政府、国际组织和团体可根据现实情况灵活拓展、延伸。针对卫星星座及其可能带来的频率囤积问题，也应做出上述尝试。在申报频率问题上，各国政府应当比过去更加细致严格。根据国际电信联盟规定，当前各国政府还不能像管理宽带、移动频率那样管理卫星通信频率，但可尝试制定规则，要求私营实体明确卫星网络的投入使用日期。例如，可借助里程碑概念。里程碑概念是商业航天公司之间签署空间合约的成熟做法，对于这样成熟的有效做法，私营实体更易接纳。

国际电信联盟也要发挥重要作用。国际电信联盟已经认识到卫星星座频率指配存在的问题。有建议提出，在 2019 年世界无线电通信大会上重新明确卫

---

① Yvon Henri, 'BR Director's Report to WRC－15, NGSO Issues'（Workshop on the Efficient Use of the Orbit Spectrum Resource, Danang, 2015).

星系统的投入使用机制。为了杜绝频率囤积现象，必须构建清晰的规则条款，而世界无线电通信大会是完成这项工作的理想平台。如果国际电信联盟能够针对卫星星座系统的投入使用机制制定更加清晰的规则，并为政府和非政府实体提供相关指导，那么后者将能更好地适应现有法律框架。法律的不确定性，将会导致非政府实体寻找漏洞，进行频率资源投机。如果规则清晰，那么就能为各国政府提供与涉嫌频率囤积的私营实体进行交涉的有力工具。

## 1.5 结论

联合国关于利用和探索外层空间的条约赋予缔约国承担政府和非政府活动的责任和义务，并奠定了坚实的法律框架，为各国政府及私营实体提供了法律保障。在此框架内，国际电信联盟负责频率指配的监管职责。两种法律制度都强调在国际合作的基础上平等利用外层空间及其资源，并且面对诸如卫星星座等外空领域的新发展，平等利用的原则必须始终如一。

随着卫星星座的迅猛发展，未来越来越多的卫星将被送入外空。因为《无线电规则》的相关规定不够明晰，可能会导致频率资源的投机甚至囤积问题。联合国以及国际电信联盟的相关条约规则都强调外层空间及其资源的平等利用，因此两者都应当解决当前存在的问题，以避免频率囤积现象。

代表政府和非政府实体申报频率的主管部门也应发挥作用。主管部门可以制定更加细致严格的规则，用以要求相关实体向其提供信息。不过，在这方面，国际电信联盟应当发挥主要作用。例如，如果国际电信联盟在卫星星座的投入使用机制中明确更多的里程碑，那么主管部门将更易推进包括私营和非私营实体在内的频率申报工作。

国际电信联盟已经认识到非地球静止轨道卫星星座频率申报存在的问题。在 2015 年世界无线电通信大会上对相关问题进行了探讨，而 2019 年世界无线电通信大会也将该问题列入议程。国际电信联盟的法律框架具有很强的迭代性，每届世界无线电通信大会上产生的新决议都被吸纳为新的规则。因此，由国际电信联盟为卫星星座频率指配出台清晰的规则条款非常重要。特别是，出席世界无线电通信大会的国家数量众多，从而使这一点显得更为重要。过去，外层空间的技术进步往往领先于法律法规的发展。这一次，关于卫星星座频率申报的问题，国际社会有机会采取措施，使法律法规的发展与技术进步保持同步。

**玛歌·莫尔辛克**　毕业于阿姆斯特丹大学国际法专业，获取硕士学位。同时拥有法国巴黎第十一大学空间与电信法研究所空间活动与电信法硕士学位。目前，就职于荷兰无线电通信局电信部的法律部门。荷兰无线电通信局电信部主要负责监管荷兰的空间活动，以及频率获取、指配及其监管工作，是对接国际电信联盟的主管机构。电子邮箱：margaux. morssink@gmail. com.

# 第 2 章　巨型星座时代的公平准入原则

马提奥·卡派拉（Matteo Cappella）

**摘　要**　国际电信联盟确立了公平准入原则，以确保任何国家（无论当前是否具备进入太空的能力）都具有在任何时间进入空间、获取必要的频率资源、建立卫星通信，并不对其他卫星造成干扰或受到其他卫星干扰的权利。自 20 世纪 60 年代地球静止轨道卫星开始向地球发送广播信号起，地球静止轨道轨位及频率资源的指配机制①就一直遵循这条原则。然而，对于非地球静止轨道卫星，这条原则并没有直接的强制效力。如今，越来越多的人造卫星（特别是巨型星座）被送入太空，近地轨道的过度拥挤受到越来越多的关注。此时，应在尚不具备进入太空能力的国家发现自己想要发射卫星却面临巨大困难，且无法与航天大国、商业巨头公平竞争之前将公平准入原则推广至所有轨道空间。对此展开讨论，哪怕结果仅仅是使人们重新意识到太空是属于全人类共有的领地，也已极具价值。

## 2.1　前言

公平准入原则建立在这样的设想之上：任何国家（无论当前是否具备进入太空的能力）都具有在任何时间进入空间、获取必要的频率资源、建立卫星通信，并不对其他卫星造成干扰或受到其他卫星干扰的权利。该原则是《国际电信联盟公约》第 44 条的部分内容②，主要适用于地球静止轨道。地球静止轨道位于地球赤道上方 35 700 km 的空间，自从 20 世纪 60 年代第一颗通信卫星成功入轨，那里就开始源源不断地向地球发送着广播信号。

---

①　原文为“allocation”，但文中实际含义为频率指配，即许可卫星（电台）使用某一特定频率，因此译为指配。——译者注

②　Constitution of the International Telecommunication Union (adopted in 1992) art 44.

今天，非地球静止轨道（所有部署在卡门线[①]至地球静止轨道之间的卫星，不含地球静止轨道）仍然不受公平准入原则的约束，而是按照“先到先得”的原则对轨位及其频率资源进行指配。随着越来越多的人造卫星（特别是巨型星座）被送入太空，近地轨道的过度拥挤越来越受关注。如今，在尚不具备进入太空能力的国家发现自己想要发射卫星却面临巨大困难之前，应将公平准入原则推广至非地球静止轨道。

本文尝试提出充足的论据以支持在未来相关领域的研讨会上能够继续探讨该议题。第 2.2 节阐述以地球静止轨道为中心的指配机制是如何发展形成的。第 2.3 节重点讨论巨型星座及其相关问题，并阐释为什么公平准入原则尚未引起广泛关注却又值得在此发声。第 2.4 节尝试从反面进行分析；第 2.5 节和结论，再次强调该议题值得探讨。

## 2.2　轨位和频率资源的指配机制

### 2.2.1　国际电信联盟的作用

国际电信联盟的前身为 1865 年成立的国际电报联盟，是成立时间最早的政府间组织之一。1934 年，为了便于《国际电报公约》的推行与监管，国际电信联盟正式更名，并确立了如今的基本组织架构。1947 年，国际电信联盟成为联合国的一个专门机构。[②]

国际电信联盟的职能包括：维护更新《国际频率登记总表》，管理、监管并划分全球无线电频率；发布最新版本的《无线电规则》，明确电台、接收机等设备的技术标准；根据类别和用途划分物理频谱；组织召开世界无线电通信大会（WRC）[③]。世界无线电通信大会每 3～4 年举办一次，与会期间，主要由成员国、国际组织以及电信公司等各利益攸关方围绕无线电频率相关议题展开研讨。

---

① 卡门线指海拔 100 km 的一条虚拟线，这条线被广泛认可为外太空与地球大气层的分界线。

② ‘Overview of ITU’s History’（*ITU*）https：//www.itu.int/en/history/Pages/ITUsHistory.aspx accessed 02 September 2018.

③ 1992 年（含）之前称为世界无线电行政大会（WARC）。

国际电信联盟不仅负责根据使用功能为卫星（国际电信联盟称为“空间电台”）指配频率，还负责为卫星指配工作轨位。[①]《无线电规则》的重要作用就是避免卫星频率的干扰，并最大化提升频率、轨位资源的利用率。

1959 年，第一次太空竞赛开始之际，国际电信联盟在《无线电规则》中首次定义了空间活动，随后几年开始着手频率、轨位资源的指配管理工作。[②]本着有效利用资源的原则，国际电信联盟在进行频率、轨位指配时，采用“先到先得”的方式，在申请卫星网络[③]符合《无线电规则》规定，且不对现有其他卫星和地面系统造成干扰[④]的情况下，尽力满足申请国的需求。

## 2.2.2 公平准入原则

正如奥黛丽·L. 艾利森在《国际电信联盟以及在 21 世纪管理卫星轨道和频率资源》一文中所写的那样，[⑤] 自从国际电信联盟开始进行轨位、频率资源的指配工作，围绕“先到先得”方式的讨论就不绝于耳。从理性上分析，“先到先得”方式迟早会剥夺尚不具备航天能力的国家在宝贵的地球静止轨道上运行卫星的权利。因为，当这些国家具备卫星发射能力时，地球静止轨道很可能早已拥挤不堪，且轨道资源已被国际电信联盟指配殆尽。

1971 年，在世界无线电行政大会（WARC）空间通信分会上，国际电信联盟关注到这个问题。通过大会的最终法案，代表团指出，频率以及地球静止轨道的轨位资源属于有限资源，任何国家都有权获取并利用这些资源。[⑥] 1967 年生效的《外层空间条约》[⑦] 也陈述了这项权利。

1973 年，国际电信联盟全权代表大会通过《国际电信联盟公约》第 33

① Constitution of the International Telecommunication Union (adopted 1992) art 1.

② Audrey L. Allison, *The ITU and Managing Satellite Orbital and Spectrum Resources in the 21st Century* (Springer Briefs in Space Development, Springer, 2014) 13.

③ 根据国际电信联盟的定义，卫星网络为“卫星和 1 个或多个地面站组成的网络”。

④ Audrey L. Allison, *The ITU and Managing Satellite Orbital and Spectrum Resources in the 21st Century* (Springer Briefs in Space Development, Springer, 2014) 14.

⑤ 同上。

⑥ WARC, 'Resolution No. Spa 2 - 1 relating to the Use by all Countries, with equal Rights, of Frequency Bands for Space Radiocommunication Services' (Geneva 1971).

⑦ Treaty on Principles Governing the Activities of States in the Exploration and Use of Outer Space, including the Moon and Other Celestial Bodies (adopted 27 January 1967, entered into force 10 October 1967) (Outer Space Treaty) art I.

条，将相关内容纳入文件。

“将频率用于空间无线电业务时，成员国应知悉频率和轨位资源为稀缺资源，必须高效、经济地使用，使各国可以一方面既符合无线电规则的规定，另一方面又能根据自身需求及装备设施，对资源进行公平利用”。[①]

这条规定首次引入了公平准入原则，同时开启了针对是否有必要以及如何推行公平准入原则的长期争论。值得注意的是，在这个时期发生了一起典型事件。1976 年，8 个赤道国家[②]联合发布《波哥大宣言》，[③] 宣称他们对领土上方的地球静止轨道拥有主权。显然，该行为违反了《外层空间条约》。

1988 年，国际电信联盟的代表们达成一致，重新制定了地球静止轨道的轨位指配程序。至此，上述争论告一段落，但并没有完全停止。[④]

## 2.2.3　现行指配机制

《无线电规则》的有关规定开启了轨位、频率资源的指配工作。该项工作持续适应国家及行业的需求，并反映了电信领域的发展趋势。例如，某些特定频率比其他频率的使用率更高，某些特定通信媒介比其他媒介更受欢迎。

具体到空间轨位和卫星频率，《无线电规则》根据卫星及轨道类型[⑤]进行频率指配，同时要求非地球静止轨道卫星必须调节其传输功率，[⑥] 确保不对地球静止轨道卫星造成干扰，因为前者与后者在传输线路上存在交叉。

对于地球静止轨道卫星，前文提到 1988 年重新制定了轨位指配程序。如今，根据《国际电信联盟公约》第 44 条（曾经的第 33 条），两套指配机制同时在用，分别反映了效率原则和公平准入原则。在实际运行中，地球静止轨道卫星的指配机制由非计划（协调）指配机制和计划指配机制两部分组成。

---

① ITU Plenipotentiary Conference，‘International Telecommunication Convention’（Malaga - Torremolinos 1973）art 33.

② 巴西、哥伦比亚、刚果、厄瓜多尔、印度尼西亚、肯尼亚、乌干达和扎伊尔。

③ Declaration of the First Meeting of Equatorial Countries（adopted 03 December 1976）（Bogotá Declaration）.

④ Audrey L. Allison，*The ITU and Managing Satellite Orbital and Spectrum Resources in the 21st Century*（Springer Briefs in Space Development，Springer，2014）15.

⑤ 如科学试验、深空任务、地球观测、通信等。

⑥ Timur Kadyrov，‘Equivalent Power Flux Density Limits（EPFD）’（*ITU*，2016）https：//www.itu.int/en/ITU - R/space/WRS16space/WRS - 16 _ EPFD.pdf accessed 02 September 2018.

计划指配机制遵循公平准入的原则。国际电信联盟将全球频率、轨位资源首先划分为3个区域（见图2-1），进而为每个国家预留频段和轨位资源，通过上述方式尽力推行公平准入原则。[①]

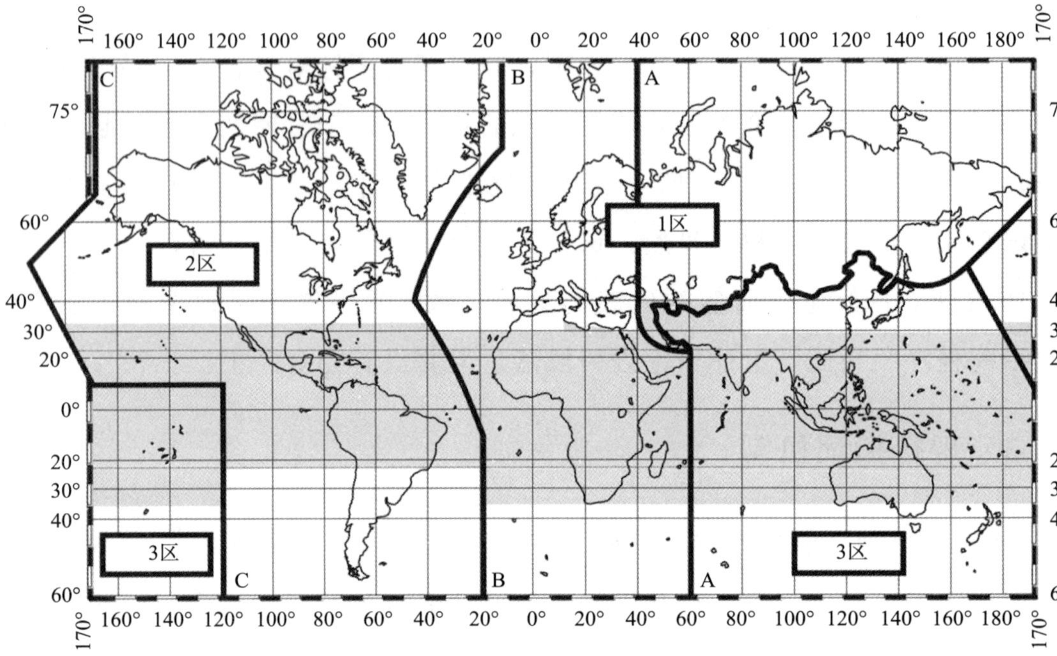


图2-1 国际电信联盟全球无线电监管区域划分（来源：国际电信联盟）

与此相对，协调指配机制遵循有效指配和利用原则，采用“先到先得”方式。每一次申报备案都需要主管部门与可能受新发射卫星影响（主动/被动）的利益攸关方（包括存在竞争关系的卫星制造商、运营商）的协调与努力。[②]

最后，需要提醒的是，对于低轨巨型星座来说，目前针对非地球静止轨道卫星的频率、轨位指配依然只有协调指配机制，即遵循“先到先得”的原则。[③]

## 2.2.4 以地球静止轨道为中心的机制

可以注意到，上述整套机制毫无疑问是以地球静止轨道为中心的。关于非

---

① Audrey L. Allison, *The ITU and Managing Satellite Orbital and Spectrum Resources in the 21st Century* (Springer Briefs in Space Development, Springer, 2014) 17.

② International Telecommunications Union, *Radio Regulations* (edn. 2016, vol. 1) art 9.

③ Yvon Henri, ‘Orbit/Spectrum International Regulatory Framework’ (*ITU*, 2016) https://www.itu.int/en/ITU-R/space/Presentations/Orbit_Spectrum%20International%20Regulatory%20Framework_Henri.pdf accessed 02 September 2018.

地球静止轨道卫星的特殊规定及其限制，主要是为了防止对地球静止轨道卫星的信号传输造成有害干扰。地球静止轨道的利用曾引发冲突与争论，在此驱动下，形成了现行指配机制。因此，公平准入原则也仅适用于地球静止轨道，而非近地轨道、中地球轨道。

必须承认，迄今为止，以地球静止轨道为中心的做法是有道理的。从物理特性看，地球静止轨道资源最为稀缺，同时对于卫星通信又最为理想。此外，从避免对地球静止轨道卫星造成干扰的考虑出发，对非地球静止轨道的利用进行约束也是存在物理意义的。因为，非地球静止轨道位于地球和地球静止轨道之间，较高轨道卫星的通信传输必然要经过较低轨道。再加上部署在地球静止轨道的卫星大多都是高价值卫星，因此各国从始至终将关注重点放在地球静止轨道是有根据的。2016 年，广播与卫星固定业务市场规模达到 1 211 亿美元①，难怪任何一个国家都不愿被排除在外。

但是，随着低轨巨型星座的迅猛发展，以地球静止轨道为中心的做法就显得不再公平。由数量巨大的小卫星组成的卫星星座蜂拥部署至非地球静止轨道，对地球静止轨道卫星网络的商业利益构成了直接冲击。现在可能正是为中低地球轨道监管机制特别是公平准入原则推行发声的最好时机。随着全球地球静止卫星订单业务的放缓，② 以及低轨微小卫星的迅速发展，③ 如果不做出改变，那么公平准入原则就将仅适用于围绕地球运转的少数卫星，与未来太空经济脱节。

---

① Bryce Space and Technology，‘State of the Satellite Industry Report’（*SIA*，2017）https：//www. sia. org/wp - content/uploads/2017/07/SIA - SSIR - 2017. pdf accessed 02 September 2018.

② Kendall Russell，‘How Boeing is Coping with the Slowdown in GEO Orders’（*Via Satellite*，18 July 2017）https：//www. satellitetoday. com/innovation/2017/07/18/boeing - exec - surviving - slowdown - geo/ accessed 02 September 2018.

③ Jeffrey Hill，‘Report：Six - Times More Smallsats Will Launch in the Next Decade’（*Via Satellite*，06 August 2018）https：//www. satellitetoday. com/launch/2018/08/06/report - six - times - more - smallsats - will - launch - in -the - next - decade/ accessed 02 September 2018.

## 2.3 公平准入原则与卫星星座

### 2.3.1 新型巨型星座的规模

1992 年的世界无线电行政大会通过了一个名为“低轨小卫星与低轨大卫星（Little LEO and Big LEO）”移动卫星项目的频率申报。该项目由摩托罗拉公司及其子公司铱星公司[①]提出并大力推行。构建这样的卫星系统在当时是极为冒险的做法，就算只考虑该项目所涉及的政治、经济实体的数量之多，就可判断该项目几乎注定失败。[②]

此后，1996 年，国际电信联盟举办了一次政治峰会，专门研究基于卫星星座的监管问题。在这次会议上，明确了 16 个提交申请的卫星星座项目，共计划部署 1 315 颗卫星，其中泰利迪斯（Teledesic）星座独占 840 颗卫星。[③]

规模如此巨大的卫星数量，有人认为是雄心勃勃，有人认为是空中楼阁。

但是站在 2018 年的视角来看，当时那些提案的卫星数量远少于现在的提案：截至目前，已有 58 个商业星座计划，单个星座的卫星数量从数十颗到 5 000 颗（亦有说法为 13 000 颗）不等。保守估计，21 世纪 20 年代将共计制造并发射约 15 000 颗卫星，且全部部署至非地球静止轨道，其中绝大部分为近地轨道。[④,⑤]

### 2.3.2 其他受关注议题

上述数字确实非常可观，与此同时，由此带来的各种问题、挑战乃至威胁引发了关注。

---

① John Bloom, *Eccentric Orbits: The Iridium Story* (Groove Atlantic, 2016) 103－104.

② Ibid, 116－118, 125－135.

③ ‘World Telecommunication Policy Forum Fact Sheet’ (*ITU*, 1996) https://www.itu.int/newsarchive/wtpf96/fact.html accessed 02 September 2018.

④ ‘NewSpace Constellations’ (*NewSpace Index*, 18 August 2018) https://www.newspace.im/index.html accessed 02 September 2018.

⑤ Sebastien Moranta and Matteo Cappella, ‘The Digital Transformation of the Satcom Sector: between Opportunities and Challenges’ in Laurence Nardon (ed.) *European Space Programs and the Digital Challenge* (Études de l’Ifri, Ifri, November 2017) 59.

其中，许多关注焦点仍然以地球静止轨道为中心，例如有理由质疑运营商能否确保其卫星不对地球静止轨道卫星造成干扰。此外，一次性发射大批量微小卫星（当前世界纪录为一箭 104 星[①]）还可能导致出现“流氓”卫星，从而进一步引发信号传输干扰的风险。“流氓”卫星指在未得到国际电信联盟许可之前就直接进行发射，或者虽然得到许可却不按照许可要求进行通信传输的卫星。现实中已经发生了此类事件。[②]

利益攸关方还关注轨道拥挤以及卫星运营商是否具备对空间碎片或卫星主动避碰的能力。[③]比如，大多数立方体卫星是没有推进系统的，这意味着发射入轨的卫星对空间碎片没有任何主动规避能力。此外，卫星数量越多，碰撞概率越大，继而恶性循环，造成更多的空间碎片和空间垃圾。最后一点，在总体上，卫星长期驻留运行模式也受到挑战，[④] 非地球静止轨道卫星星座应允许且需要不断更换在轨卫星，这也将造成太空垃圾的增加。

从前文所列举的关注方向（以及表达关切的实体）来看，对公平准入原则问题的失声似乎也有一定的合理性。因为对上述关注方向以及新趋势的讨论，到目前为止还不够充分。

事实上，巨型星座的确是新生事物。直到 2013 年，人们才首次提出构建由立方体卫星组成的卫星星座。[⑤] 尽管自 1990 年运行以来，铱星（Iridium）、全球星（Globalstar）两个低轨星座系统至今仍处于工作状态，但是两家公司都从未表现出增加其星座规模的意向。最近一次世界无线电通信大会举办于 2015 年，几乎同年非地球静止轨道巨型星座突然崛起。因此，可以理解，相

① Michael Safi，‘India launches record - breaking 104 satellites from single rocket’（*The Guardian*，15 February 2017）https：//www. theguardian. com/science/2017/feb/15/india - launches - recordbreaking - 104 - satellites - from - single - rocket accessed 02 September 2018.

② Mark Harris，‘FCC Accuses Stealthy Startup of Launching Rogue Satellites’（*IEEE Spectrum*，09 March 2018）https：//spectrum. ieee. org/tech - talk/aerospace/satellites/fcc - accuses - stealthy - startup - of - launching - rogue -satellites accessed 02 September 2018.

③ Jon Brodkin，‘SpaceX and OneWeb broadband satellites raise fears about space debris’（*Ars Technica*，04 October 2017）https：//arstechnica. com/information - technology/2017/10/spacex - and - oneweb - broadband - satellites - raise - fears - about - space - debris/accessed 02 September 2018.

④ Benjamin Bastida Virgili，Juan Carlos Dolado，Hugh G Lewis，et al，‘Risk to space sustainability from large constellations of satellites’ in *Acta Astronautica*（no 126，2016）154 - 162.

⑤ ‘Planet Labs Reveals First Images from Space；Announces Plans to Launch Fleet of Satellites to Understand the Changing Planet’（*BusinessWire*，26 June 2013）https：//www. businesswire. com/news/home/20130626005421/en/Planet - Labs - Reveals - Images - Space - Announces - Plans accessed 02 September 2018.

关议题还未及时得到充分探讨。

### 2.3.3 提出问题的必要性

尽管具有一定合理性，但事实是，非地球静止轨道的指配机制仍缺乏公平准入原则。发射 15 000 颗以上卫星，极有可能对未来的航天器运行管理带来问题。非地球静止轨道卫星的国家数量占比差距将越来越悬殊，少数几个国家将垄断几乎所有卫星，单方面受益于所占有的轨位和频率资源，而这些资源原本宣称是对所有国家开放的。

由于某些国家巨型星座的存在及其提供的卫星服务，当前尚不具备航天能力的国家，以及对航天事业尚未关注的国家，未来很有可能在航天事业发展上进度极度缓慢甚至完全止步。其他还需研讨的问题包括：空间碎片、空间可持续发展、近地轨道拥挤等。1998 年，国际电信联盟指出轨道资源（不仅仅是地球静止轨道资源）是有限的自然资源[①]。事实上，如果认同轨位、频率资源为稀缺资源，也充分考虑到巨型星座的未来发展，那么对于公平准入原则的漠视就不仅仅是值得担忧的问题，它还违背了《外层空间条约》的第一条、第二条条款。[②]

## 2.4 缺乏公平准入原则对非地球静止轨道来说是真正的问题吗？

考虑到原则的属性以及相关行为体的缺席，从某些角度来讲，缺乏公平准入原则也许并不构成问题。

### 2.4.1 地球静止轨道的特殊性

在讨论是否将公平准入原则应用于非地球静止轨道之前，应当首先明确一

---

① 1998 年之前，《国际电信联盟公约》第 44 条规定：成员国应该明确无线电频率和地球静止轨道是有限的自然资源。1998 年之后，第 44 条的表述改为：成员国应该明确无线电频率和轨道资源，特别是地球静止轨道资源，是有限的自然资源。

② Outer Space Treaty, arts Ⅰ-Ⅱ.

点，地球静止轨道的确是更加珍贵的轨道资源。

首先，部署在地球静止轨道的卫星可以保持对地静止，这些卫星对其所属国来说非常宝贵。这也正是赤道国家签署《波哥大宣言》以及计划指配机制形成的原因。

其次，从可用空间的稀缺性分析，相比中低地球轨道，地球静止轨道所占据的物理空间更少。就算近地轨道正在变得愈发拥挤，但中地球轨道的容纳空间是地球静止轨道的 150 倍，[①] 其空间占用率是地球静止轨道的 20%。[②] 中地球轨道可为计划发射卫星星座的后来者提供折中选择，这里既具备相对充足的物理空间，又与地球表面相距不远。

因此，地球静止轨道的珍贵不仅体现在其独特的轨道特性，还体现在非地球静止轨道相对宽裕、可用空间更多。

## 2.4.2　重演的历史

回顾历史，可以减轻某些担忧。20 世纪 90 年代提出构建的 16 个卫星星座项目，如今仅存活 2 个，且都曾在世纪之交经历了破产程序。[③,④] 此外，由国际海事卫星组织支持的 ICO 星座项目，在 2001 年成功发射首颗卫星之前就已破产，三年后又第二次破产，星座从未投入使用。[⑤] 这些项目原计划部署1 315 颗卫星，最终实际发射的卫星数量不足 200 颗。这些深刻教训提醒人们，卫星星座申报是一码事，其正式投入使用是另一码事。更有甚者，其中一些项目至今一直未见启动，反映出当初进行卫星申报工作，要么是为了与竞争对手保持步调一致，要么是通过“纸上卫星”的方式囤积轨位和频率资源。后者已成为

① Peter B. de Selding, ‘Overcrowding Not a Problem in Vast Medium Earth Orbit’ (*SpaceNews*, 11 October 2010) https: //spacenews. com/overcrowding - not - problem - vast - medium - earth - orbit/accessed 02 September 2018.

② ‘UCS Satellite Database’ (*Union of Concerned Scientists*, 30 April 2018) https: //www. ucsusa. org/nuclear - weapons/space - weapons/satellite - database#. W4LhtugzY2w accessed 02 September 2018.

③ ‘Iridium files chapter 11’ (*CNN Money*, 13 August 1999) https: //money. cnn. com/1999/08/13/companies/iridium/ accessed 02 September 2018.

④ ‘Globalstar files for bankruptcy’ (*BBC News*, 17 February 2002) http: //news. bbc. co. uk/2/hi/business/1825743. stm accessed 02 September 2018.

⑤ ‘With $750M in Debt Coming Due, ICO Files for Bankruptcy Protection’ (*SpaceNews*, 29 June 2004) https: //spacenews. com/750m - debt - coming - due - ico - files - bankruptcy - protection/ accessed02 September 2018.

国际电信联盟近十年来最为关注的问题之一。[①]

事实表明，历史总在重演。不少卫星星座项目彻底停滞，另一些项目进展极其缓慢，[②] 还有一些项目在提案送交之后就不见下文，如三星公司（Samsung）的提案。[③] 最后，关于近地轨道的拥挤问题也有夸大之嫌。目前拟计划发射的约 20 000 颗卫星中，能够实际发射的卫星数量可能不足 10%，且大多数卫星是寿命较短的立方体卫星和微小卫星。

### 2.4.3 加大监管的代价

如果想要通过加大监管力度来解决问题，那么需要提醒的是，正如第 2.3.3 节所述，目前已经存在一套针对非地球静止轨道卫星资源的指配机制。资源申报实体有义务在最长不超过 7 年的时间范围内，与所有利益攸关方进行协调，这是国际电信联盟确保高效指配资源的方式。[④] 因此，如果强制推行公平准入原则，也有可能产生副作用。比如，增加轨道平面、频率的计划指配方案，增设频率指配机构或类似机构，将使已经非常烦琐的申报程序更加复杂，使卫星运管机构或主管部门在卫星申报、发射和运管等方面面临更多的困难。

## 2.5 忽略问题的风险

第 2.4 节从反面对相关问题进行了分析，但需要注意的是，问题不容忽视。

---

① Audrey L. Allison, *The ITU and Managing Satellite Orbital and Spectrum Resources in the 21st Century* (Springer 2014) 26 - 29.

② Caleb Henry, 'Boeing Constellation Stalled, SpaceX Constellation Progressing' (*SpaceNews*, 27 June 2018) https: //spacenews. com/boeing - constellation - stalled - spacex - constellation - progressing/accessed 02 September 2018.

③ Veronica Magan, 'Samsung Exec Envisions LEO Constellation for Satellite Internet Connectivity' (*Via Satellite*, 18 August 2015) https: //www. satellitetoday. com/telecom/2015/08/18/samsung - execenvisions - leo - constellation - for - satellite - internet - connectivity/ accessed 02 September 2018.

④ International Telecommunications Union, *Radio Regulations* (vol. 1, edn. 2016) art 11. 44.

## 2.5.1　“先到先得”的不公正性

事实上，尽管非地球静止轨道的物理空间相对广阔，中地球轨道目前也算不上拥挤，但不可否认的是，总有那么一些轨道比其他轨道更加方便、经济和可持续。不同轨道倾角、距离和速度意味着卫星发射运管成本的差异，间接影响商业利益和卫星星座的使用效果。此外，对于中地球轨道，还要考虑范艾伦辐射带①的问题。

如果将上述所有因素考虑在内，就会发现某些轨道将难以真正投入使用，或者因成本过高而很难在商业上获利。那么，这就意味着后入场者并没有真正的选择权，因为所有优选轨道已被占用。采用“先到先得”的方式会令申请者面临更为恶劣的轨道条件。距离近、成本低的轨道首先被占用，后入场者则不得不选择更为昂贵的轨道部署卫星。对于条件更加苛刻的轨道（如范艾伦辐射带），卫星运营商则须要么接受较短的卫星寿命，要么增加成本提高卫星的生存能力。后入场者还不得不面对整体效能更差的卫星系统，包括较小的区域或重访覆盖、远距离造成的高时延，等等。

即便中地球轨道能够提供充足的物理空间容纳卫星星座，但可以肯定的是，其轨道条件比近地轨道更加恶劣。

## 2.5.2　历史上，引入公平准入原则是为了公正性

前文提到，此次卫星星座申报热潮的规模与 20 世纪 90 年代的申报热潮完全不同，不能通过简单地回顾历史就草率地忽略问题。1973 年首次引入公平准入原则，正是为了彰显权利和公正。

如今，对于非地球静止轨道卫星星座来说，忽略公平准入原则问题建立在一个危险的赌注之上。那就是，期望不是所有计划发射的卫星都能被顺利发射。这将导致国家、企业、大学等机构，迟迟不能进入或极其缓慢地进入本应属于全人类的领域。

---

① ‘Radiation: Satellites’ Unseen Enemy’ (*ESA*, 04 July 2011) http: //www. esa. int/Our _ Activities/Space _ Engineering _ Technology/Radiation _ satellites _ unseen _ enemy/ accessed 02 September 2018.

### 2.5.3　监管的副作用

最后，至于给卫星运营商和主管部门增加行政负担的问题，如果历史重演本就不攻自破。当前，由于没有纳入公平准入原则，非地球静止轨道的指配机制很有可能驱使（甚至已经驱使）国家、企业为了避免在竞争中落后对手，而申报发射不必要的星座及其卫星，甚至有些实体根本没有足够的资源和路线图支撑将计划变成现实。一旦触发了国际电信联盟的申报程序，唯一的结果就是过度申报以及面临当前本已冗长的行政程序带来的种种困难。这将对全球卫星运管机构的行为造成深刻负面影响。

## 2.6　结论

2019 年，国际电信联盟将再次举办世界无线电通信大会①。在长达 92 页的《2019 年世界无线电通信大会议程及相关决议》中，“公平准入”这个词被提及 3 次，但没有描述非地球静止轨道卫星申报程序的相关文字。“星座”这个词也被提及 3 次，但未提及可能发射的巨大卫星数量。②

已经分析了对公平准入原则失声的原因，也分析了提出这个问题的必要性。现在必须明确的是，至少这个话题值得被关注并广泛讨论。

关于展开探讨，请注意：过度的行动可能扼杀新兴航天的创新行为（如巨型星座），继而对全球航天事业造成不可估量的影响。

但相应的，如果不开展讨论，则可能导致具有能力的大国或具有影响力的巨头公司代替其他国家和机构做出决定，而这个决定就是不作为。

尽管问题十分复杂，在法律层面涉及众多利益攸关方，但讨论仍然必要。展开讨论，并尽可能地开放包容，既能提醒人们铭记《外层空间条约》及其原则，又能为在巨型星座时代重新定义公平准入原则迈开积极的第一步。

---

①　2019 年世界无线电通信大会已于 2019 年 10 月 28 日至 11 月 22 日召开。——译者注。

②　‘World Radiocommunication Conference 2019（WRC-19）：Agenda and Relevant Resolutions’（*ITU*，2017）https：//www. itu. int/dms _ pub/itu-r/oth/14/02/R14020000010001PDFE. pdf accessed02 September 2018.

**马提奥·卡派拉**　欧洲空间政策研究所（ESPI，维也纳）研究实习生，主要从事空间力量、欧洲天体环境等方面的研究。拥有意大利马切拉塔大学国际政治与经济关系硕士学位，硕士学位论文的方向是欧盟太空力量。学习培训经历：欧洲空间政策研究所实习生；意大利马尔凯理工大学经济和商业学学士学位；曾参加拉脱维亚维德泽木应用科学大学创业与文化研究学术交流。电子邮箱：matteo. cappella@outlook. com.

# 第3章　与卫星星座有关的法律问题

艾万·赖特（Ewan Wright）

**摘　要**　卫星星座代表了新的航天活动样式，大数量的小卫星运行在所谓的新航天时代。卫星星座的应用蓬勃发展，在为人类带来利益的同时，风险也随之而来。近地轨道越来越拥挤，空间碎片越来越多。本章将讨论与巨型星座相关的法律问题及其潜在挑战，包括空间碎片、空间目标碰撞等方面的现存法律框架，空间碎片法律定义缺失，过失责任取证难等问题。另外，还提出了关于构建更加明晰的法律机制的思考。

## 3.1　前言

自从60多年前人类第一次将人造物体送入外层空间，我们就开始面对由空间碎片造成的日益增长的风险。如今，我们正在加速进入新航天时代，商业公司取代国家实体成为新时代的领头羊，卫星星座取代单颗卫星成为新时代的代表物。本章将对涉及卫星星座和空间碎片减缓的现存法律进行梳理，并探讨能够促进空间可持续利用的未来法律机制。

前言部分首先对卫星星座和空间碎片进行定义，并阐释为什么卫星星座为空间碎片问题提供了新的法律视角。接着对空间碎片和卫星星座的法律背景进行梳理。最后对相关法律及其与卫星星座、空间碎片的作用关系进行讨论，并围绕铱星-宇宙（Iridium - Cosmos）卫星碰撞事件及其启示建议进行案例研究。

### 3.1.1　卫星星座

卫星星座是由许多结构功能相同的卫星相互配合而组成的系统。星座的卫星数量从几个到几千个不等。目前，轨道上已部署少量星座，其中最大的星座由美国行星实验室公司运行管理，共计 148 颗卫星。[①] 已规划的星座计划项目中，太空探索技术公司（SpaceX）星链星座将部署 4 425 颗卫星，[②] 一网（OneWeb）星座将部署 720 颗卫星。[③④] 仅仅这两个星座系统就能把在轨活跃卫星数量[⑤]提高 4 倍，可跟踪空间目标数量提高 35%。根据估计，目前共有 70 余个星座项目正在规划部署。[⑥] 虽然其中很多星座也许并不会实际发射，但可以明确的是，对近地轨道的利用已经发生了根本性变化。这些已经部署和即将部署的星座将产生巨大收益，但是必须将法律考量纳入其发展过程，从而减小对人类共享的地球轨道资源可能带来的风险。

### 3.1.2　空间碎片

本节将概述空间碎片的当前现状，并据此提出未来对空间碎片的管理需求。由于大多数卫星星座计划部署于低轨空间，因此这里只探讨低轨空间碎片的问题。机构间空间碎片协调委员会（IADC）将近地轨道定义为从地球表面至 2 000 km 高度的轨道空间。[⑦]

目前，在法律上，尚未对空间碎片进行正式定义。2007 年，联合国和平利用外层空间委员会（UNCOPUOS）发布《空间碎片减缓指南》，将空间碎片定义为："空间碎片系指地球轨道上的或重返大气层的所有不起作用的人造

① Federal Communications Commission (2017) 'News Release: FCC Grants OneWeb Access to U. S. Market for its Proposed New Broadband Satellite Constellation ' < https://docs.fcc.gov/public/attachments/DOC-345467A1.docx> accessed 21st September 2018.

② Planet Labs Inc 'Frequently Asked Questions' 〈http://www.planet.com/faqs/〉 accessed 28th September 2018.

③ FCC News Release (2018) 'FCC Authorises SpaceX to Provide Broadband Services via Satellite Constellation' <https://docs.fcc.gov/public/attachments/DOC-345467A1.docx> accessed 21st September 2018.

④ 根据最新计划，星链星座预计部署 41 926 颗卫星，一网星座预计部署 1 980 颗卫星。——译者注

⑤ 忧思科学家联盟目前编目 1 800 颗在轨卫星，但其中很多卫星运行在地球静止轨道，因此近地轨道卫星的增加量更加凸显。

⑥ Satellite Applications Catapult, 'Small Satellite Market Intelligence Report' (2017) Q4 <https://sa.catapult.org.uk/2018/08/01/small-satellite-market-intelligence/> accessed 21st September2018.

⑦ Inter-Agency Space Debris Coordination Committee (IADC) 'Space Debris Mitigation Guidelines' [2007] <https://www.iadc-online.org/index.cgi?item=docs_pub> accessed 22th September 2018.

物体，包括其残块和组合单元。”[①] 自 20 世纪 60 年代第一颗卫星发射升空开始，空间碎片数量基本呈线性增长。[②]

空间碎片有几种不同的分类方式，最常见的是根据尺寸大小分类。目前，人类可跟踪的 10 cm 以上大小的空间碎片超过 20 000 个，[③] 1～10 cm 大小的空间碎片有数十万个，小于 1 cm 的空间碎片超过 1 亿个。[④] 本章的主要目的不是告诉读者问题的存在及解决它们的紧迫性，而在于探讨相关法律问题。

### 3.1.3 卫星星座与空间碎片

为了讲清本章的核心问题，首先对卫星星座和空间碎片的概念进行辨析。根据上文定义，空间碎片的范畴不包括在轨活跃卫星，而卫星星座则由在轨活跃卫星组成。然而，由于空间碰撞或卫星故障原因，星座可能导致空间碎片的增加。本章对空间碎片的讨论，同样适用于在轨活跃卫星。因为，对第三方来说，无论一个空间物体是否处于活跃状态，都得对其进行避让，并为所造成的碰撞后果负责。虽然，由数千颗卫星组成的星座本身与空间碎片无关，但它们的出现引发了新的法律问题。本章将对此进行讨论。

由小型卫星组成的星座与以往的单颗卫星相比，具有完全不同的特点，这里将重点讨论以下 4 个主要特点。

（1）数量

目前，卫星只占所有已跟踪空间物体的一小部分，不足 10%。[⑤] 但是，已规划的卫星星座使特定轨道的卫星占比大幅增长。为了避免卫星与空间碎片发

---

① United Nations Office for Outer Space Affairs，2007，‘Space Debris Mitigation Guidelines of the Committee on the Peaceful Uses of Outer Space’ 2007 <www. unoosa. org/pdf/publications/st _ space _ 49E. pdf> accessed 21st September 2018.

② National Aeronautics and Space Administration ‘Orbital Debris Quarterly News’ 2018 22（1）<www. orbitaldebris. jsc. nasa. gov/quarterly - news/pdfs/odqnv22i1. pdf>accessed 21st September 2018.

③ T. A. Aadithya ‘Review Paper on Orbital Debris Mitigation and Removal and a New Model Insight’ [2015] IJEEDC <www. researchgate. net/publication/281722682 _ Review _ Paper _ On _ Orbital _ Debris _ Mitigation _ And _ Removal _ And _ A _ New _ Model _ Insight>accessed 21st September 2018.

④ IADC ‘IADC Assessment Report for 2010’ [2013] < https：//www. iadc - online. org/Documents/IADC - 2011 - 04，%20IADC%20Annual%20Report%20for%202010. pdf> accessed 27th September2018.

⑤ 1 886 颗卫星和 20 000 个可跟踪空间物体。see Union of Concerned Scientists ‘UCS Satellite Database’ [2018] <https：//www. ucsusa. org/nuclear - weapons/space - weapons/satellite - database? _ ga=2. 235743042. 294627627. 1538140743 - 1592752914. 1538140743#. W64qTtNKiHt>accessed 27th September 2018.

生碰撞，对卫星运管机构的信息共享及跟踪能力提出了更高要求。

（2）新兴公司的增长

虽然这个问题不是星座本身的问题，但是大量小型商业公司（不具备充足的法律资源）的出现，使法律监管成为不容置疑的必选项。最近发生了一个真实案例，很好地说明了这一点。

蜂群技术公司（Swarm Technologies Inc.）是一家美国通信卫星公司。2018 年 1 月，在未经美国联邦通信委员会（FCC）批准的情况下，这家公司从印度发射了 4 颗皮卫星。[①] 此前，因考虑到小尺寸卫星跟踪难度大，为避免产生空间物体碰撞风险，美国联邦通信委员会拒绝了蜂群技术公司的发射申请。然而，印度空间研究组织，即此次的发射方，对该公司未获得发射许可并不知情。在撰写本文时，4 颗卫星虽已发射入轨，但却未与地面建立通信链路，蜂群技术公司仍在申请获取卫星数据接收的许可。

不同国家采用不同的法律体系，可能导致产生“方便旗”[②] 现象，即商业公司选择在法律上对己有利的国家进行登记注册。[③] 这对航天产业的影响更为突出，因为航天发射注册、运载器登记注册以及发射实施常常由不同国家完成。

（3）新的冗余模式

此外，卫星系统正在尝试新的冗余模式。过去，卫星系统大多由大型、昂贵的卫星组成，各子系统经过了大量、冗余的严格测试。星座提出了一种新的卫星设计和运管思路，即采用经济廉价的设计，允许一定的失败率以及在数量上提供冗余。如果一个卫星系统允许一定数量卫星出现故障，那么这种做法是否可以解读为故意制造空间碎片，并违反现行空间准则呢？虽然没有卫星设计师会故意设计故障卫星，但从定义上看，故障卫星就是空间碎片，并且对其产生的不良后果要承担相应的法律责任。

---

① Mark Harris ‘FCC Accuses Stealthy Startup of Launching Rogue Satellites’ ［2018］ IEEE Spectrum <https://spectrum.ieee.org/tech-talk/aerospace/satellites/fcc-accuses-stealthy-startup-of-launching-rogue-satellites>accessed 21st September 2018.

② 方便旗，是指船舶所有者为逃避其本国的高额税收或其他原因，通过在费用和税收较低、登记方便的所谓“开放登记国家”登记注册，取得并在船舶上悬挂该国国旗。——译者注

③ Matthew Kleiman ‘Space Law 101: An Introduction to Space Law’ ［undated］ American Bar Association <http://www.americanbar.org/groups/young_lawyers/publications/the_101_201_practice_series/space_law_101_an_introduction_to_space_law.html> accessed 24th September 2018.

（4）主动碎片移除技术

由于计划发射的卫星数量不断增长，碎片移除相关技术也相应得到了发展。对于卫星星座而言，当卫星推进系统在特定轨道发生故障时，碎片移除技术必不可少。当前，碎片移除技术还没有投入实际应用，然而它们却引发了法律问题，因为该技术可能被用于移除其他国家的空间物体。

## 3.2 法理框架

本节将对与卫星星座和空间碎片有关的现行法理条约和准则进行梳理。空间法由五个国际条约组成，其中两个条约与此关系密切：《外层空间条约》① 和《责任公约》②。

除此以外，联合国还发布了《空间碎片减缓指南》。虽然，联合国大会决议和联合国和平利用外层空间委员会文件不具备法律约束力，但它们是解读、应用上述国际条约的辅助手段。③

### 3.2.1 《外层空间条约》

第一个与外层空间有关的国际法就是《外层空间条约》。该条约形成于两个敌对大国太空竞赛的背景下，对促进国际社会达成和平利用外层空间的共识贡献了力量。从这个层面看，《外层空间条约》是成功的，尽管其中一些条文语义模棱两可，并且没有提及空间碎片。《外层空间条约》为后续条约奠定了基础，并已获得 100 多个国家的签署。④

《外层空间条约》第七条首次提到责任问题，“缔约国……当物体或其组成

---

① United Nations Office for Outer Space Affairs *Treaty on Principles Governing the Activities of States in the Exploration and Use of Outer Space, Including the Moon and Other Celestial Bodies* (hereinafter Outer Space Treaty) [1966].

② United Nations Office for Outer Space Affairs *Convention on the International Liability for Damaged Caused by Space Objects* (hereinafter Liability Convention) [1971].

③ Ma Xinmin 'The Development of Space Law: Framework, Objectives and Orientations' [2014] UN/China/APSCO Workshop on Space Law <http://www.unoosa.org/documents/pdf/spacelaw/activities/2014/splaw2014-keynote.pdf> accessed 24th September 2018.

④ Secure World Foundation 'Space Sustainability: A Practical Guide' [2014] <https://swfound.org/media/121399/swf_space_sustainability-a_practical_guide_2014__1_.pdf> accessed 24th September 2018.

部分在地球上、在大气空间或在包括月球和其他天体在内的外层空间，使另一缔约国或其自然人或法人遭受损害时，应负国际责任。”该条款缺少对在轨碰撞事件中责任界定的描述。

第九条和第十四条是字数最多的条款，强调和平利用外层空间：避免对空间环境造成有害污染，避免对别国卫星造成有害干扰。这两条经常被人们诟病，因为其对相关责任的约定不够清晰完备，[①] 如没有对“有害”进行明确定义。

《外层空间条约》存在一定缺陷，但应该理解的是，在外交可持续的道路上必须谨慎地小步走。条约中大多数不够清晰的事项，在《责任公约》中得到了进一步明确。

### 3.2.2　《责任公约》

在《外层空间条约》出台后 5 年，《责任公约》问世。

《责任公约》对空间物体在地球上和在空间造成的损害责任进行了规范。

第三条规定，当一个空间物体对另一个空间物体造成损害时，由过错方承担责任：

“任一发射国的空间物体在地球表面以外的其他地方，对另一发射国的空间物体或其所载人员或财产造成损害时，只有损害是因为前者过失或其负责人员过失而造成的条件下，该国才对损害负有责任。”

公约对绝对责任和过失责任进行了区分，空间物体撞击地球属于前者，空间物体在轨碰撞属于后者。

迄今为止，《责任公约》还尚未被正式援引过。苏联宇宙-954 卫星在加拿大国境内坠毁，加拿大政府依据《责任公约》(但未正式援引)，要求苏联因造成环境损害向其赔偿 600 万加元。最终，苏联向加拿大支付了 300 万加元的特

---

① Joanne Gabrynowicz ‘A Chronological Survey of the Development of Art. IX of the Outer Space Treaty’ [2010] Supplement to Journal of Space Law, University of Mississippi School of Law ＜http://www.spacelaw.olemiss.edu/resources/pdfs/article-ix.pdf＞ accessed 24th September 2018.

惠赔偿款。①

这个案例很好地展示了不同国家对公约解读的差异，对“损害”理解的差异，以及对预警、赔偿期望的差异。

### 3.2.3 机构间空间碎片协调委员会

机构间空间碎片协调委员会（IADC）是负责协调处理空间碎片事宜的一个政府间国际组织。该组织成立于1993年，由12个国家的航天机构以及欧洲空间局（ESA）组成。该组织设有4个工作组，分别负责空间碎片的四个方面事宜。

（1）2007年《空间碎片减缓指南》

1999年，机构间空间碎片协调委员会开始制定关于空间碎片的首个国际规范。2002年，发布该规范。

该文件对近地轨道进行了定义，并描述了鼓励成员组织遵守的碎片减缓措施。包括：1）限制正常运行期间释放空间碎片；2）最大限度降低在轨解体的可能性；3）事后处置；4）防止在轨碰撞。指南建议，航天器在完成任务后25年以内或入轨后30年以内应进行离轨处置。鼓励卫星运管机构“尽最大努力”应用指南中的建议。②

2003年，机构间空间碎片协调委员会将指南提交至联合国和平利用外层空间委员会。2007年，指南得到了联合国大会的支持，并以《UNCOPUOS空间碎片减缓指南》之名再版。

2017年，机构间空间碎片协调委员会指出对于近地轨道，指南当前的实施水平“存在不足，并且没有观察到明显的改善趋势”。③

---

① Ram Jakhu ‘Iridium - Cosmos Collision and its Implications for Space Operations’ in *ESPI Yearbook on Space Policy*. 2008/2009: *Setting New Trends* 254（Springer Wien New York 2010).

② IADC（n 7）5.

③ IADC ‘An Overview of the IADC Annual Activities’［2017］<https://www.iadc-online.org/Documents/IADC-17-02%20UN%20COPUOS%20STSC%20Presentation%20-%2021.12.2016.pdf> accessed 27th September 2018.

2018 年，联合国和平利用外层空间委员会大会[①]“欣慰地”注意到，一些国家正在实施指南提出的指导措施。一些出席大会的代表提出，没有必要使指南具有法律约束力，因为维护外层空间的可持续性符合所有国家的利益。

包括美国国家航空航天局（NASA）和 ESA 在内的航天机构均采用了指南所提出的 25 年寿命期限。NASA 和美国联邦通信委员会还要求申请机构提交《轨道碎片评估报告》，以便证明其申请的卫星系统符合指南要求的“25 年退役规则”。[②]

（2）关于大型星座的声明

在知悉 2015 年大型低轨星座的部署计划后，机构间空间碎片协调委员会开始进行与之相关的风险调研。由于这些星座部署速度很快，2017 年，机构间空间碎片协调委员会发布了《IADC 关于低轨大型星座的声明》，并继续致力于更加全面的调查研究。[③] 在初步分析报告中，机构间空间碎片协调委员会表示《空间碎片减缓指南》需要修订，至少 25 年寿命期限应该缩短。

他们表示，核心系统的可靠性是“关键考虑因素”以及“需要在卫星寿命末期提高离轨处置模块的可靠性”。此外，还建议“为与离轨处置有关的星上功能模块设计冗余备份系统”。

关于跟踪能力，他们建议“通过增加星上主、被动组件提高跟踪卫星的能力”。虽然这是朝着正确方向迈出的必要步伐，但问题是，作为最难以跟踪的卫星种类的皮卫星，恰恰也是人们最没有动力增加额外跟踪模块的卫星种类。因为，增加星上组件，将占用更多的空间、能源以及成本。

---

① UN GA COPOUS ‘Report of the Legal Subcommittee on its fifty－seventh session’［2018］A/AC. 105/1177 ＜https：//cms. unov. org/dcpms2/api/finaldocuments? Language＝en&Symbol＝A/AC. 105/1177＞ accessed 24th September 2018.

② National Aeronautics and Space Administration ‘Handbook for Limiting Orbital Debris’ 2008 ＜https：//explorers. larc. nasa. gov/APMIDEX2016/MO/pdf _ files/NHBK871914. pdf＞ accessed 27th September 2018.

③ Inter－Agency Space Debris Coordination Committee ‘Statement on Large Constellations of Satellites in Low Earth Orbit’ 2017 ＜https：//www. iadc－online. org/Documents/IADC％20Statement％20on％20Large％20Constellations％20rev％203. pdf＞ accessed 25th September 2018.

## 3.3 案例研究：铱星–宇宙卫星事件

有一个事实，对整个外层空间领域而言是好消息，而对处理外层空间领域相关问题的律师来说，则是坏消息。那就是，到目前为止，只有少量事故或案例可供探讨。与本章所述情况最贴合的案例是铱星与宇宙卫星相撞事件，这是历史上唯一一次两颗卫星在轨相撞事件。

美国企业铱星有限公司运管着一个低轨通信卫星星座。铱星-33卫星是组成这个星座的一颗卫星，于1997年发射。宇宙-2251卫星是俄罗斯政府的一颗通信卫星，于1993年发射，已不具备在轨工作能力。2009年，两颗卫星在轨相撞，产生了2 000余个空间碎片，以及一个至今尚未得到满意解答的法律问题。该事件引发了几个关键法律议题。

### 3.3.1 发射国

由于铱星-33卫星在发射时并未按照1974年《登记公约》的规定在联合国注册，[①] 从而导致发射国认定不清的问题。

《责任公约》这样定义发射国："发射或促使发射空间物体的国家，或者从其领土或设施发射空间物体的国家"。这颗商业公司制造的卫星当时是由俄罗斯质子号运载火箭在哈萨克斯坦进行发射的。铱星公司虽然注册在美国，但只有这一点与美国有关系。从其他角度解读，也可认为哈萨克斯坦或俄罗斯为发射国。

### 3.3.2 过错

《责任公约》要求在认定责任时必须明确存在过错。乍一看，这合乎常理。但是由于没有对"过错"进行明确定义，从而引发了争议。

俄罗斯指出宇宙-2251卫星已经失效，因此铱星公司存在过错，因为他们

① Secure World Foundation '2009 Iridium - Cosmos Collision Fact Sheet' [2010] <https://swfound.org/media/6575/swf_iridium_cosmos_collision_fact_sheet_updated_2012.pdf> accessed 25th September 2018.

没有对卫星实施机动变轨。俄罗斯还提到他们没有义务在宇宙-2251 卫星失效后对其进行处置。铱星公司指出，即使知道会发生碰撞，他们并没有规避碰撞的义务。[①]

《布莱克法律词典》[②] 对过错的定义如下：

“（1）判断上或行为上的错误、失败；由于疏忽、无能、固执己见、恶意或管理不善而导致的任何对谨慎和职责的偏离。（2）由于故意或疏忽，导致未能维持某种标准行为，并对他人造成损害。”

根据上述定义，可以认为铱星公司疏忽了规避其他卫星以避免损害的义务，而俄罗斯的疏忽在于允许其卫星发生故障并不受控地坠入铱星所在的运行轨道。

### 3.3.3　跟踪

美国联合太空作战中心（JSpOC）和俄罗斯都进行了碰撞预警评估，但却都没有将潜在的碰撞事件视为高风险。美国曾经每天都向铱星公司提供碰撞预警信息，当时铱星公司管理着 70 多颗在轨卫星。但由于预警信息数量大、置信度低，在此次碰撞发生的两年前，美国中止了向该公司发送预警信息。[③]

### 3.3.4　经验教训

双方都未达到过错标准，也未发起法律诉讼。双方在控诉方面的失声，就如同玩家对冲自己的赌注一样[④]。此次碰撞共产生了 2 000 多块碎片，这些碎片未来仍有可能与其他卫星相撞，在法律上引发相同问题。

---

① Michael Listner ‘Iridium 33 and Cosmos 2251 three years later: where are we now?’ [2012] <http://www.thespacereview.com/article/2023/1>accessed 26th September 2018.

② Black’s Law Dictionary (8th ed. 2004), 641.

③ John Campbell ‘Forum on National Security Space Examining Codes and Rules for Space’ [2017] <http://www.researchgate.net/publication/242327287_Forum_on_National_Security_Space_Examining_Codes_and_Rules_for_Space> accessed 27th September 2018.

④ Frans von der Dunk ‘Too-Close Encounters of the Third Party Kind: Will the Liability Convention Stand the Test of the Cosmos 2251-Iridium 33 Collision?’ [2010] Space, Cyber, and Telecommunications Law Program Faculty Publications 28 <https://digitalcommons.unl.edu/cgi/viewcontent.cgi?article=1027&context=spacelaw> accessed 24th September 2018.

碰撞事件发生后，美国联合太空作战中心恢复了针对铱星的每日碰撞预警评估。目前，联合太空作战中心向卫星运管机构提供 72 h、距离 1 km 以内的低轨预警信息。

与此同时，因为铱星-宇宙卫星相撞事件，各组织也汲取了教训，对碰撞预警评估更加谨慎。此外，还提高了公众对空间碎片和太空态势感知的认识。但是，这次事件发生在由 80 颗以内卫星所组成的星座上。而对于由更多数量卫星组成的星座，则不仅需要更加及时地掌握所有运行在其附近轨道卫星的准确信息，还要掌握空间碎片的准确数据，以便调整星座轨道。为了规避碰撞而实施轨道机动，还需消耗星上燃料和能源，对运管机构而言，也是一笔昂贵的费用。

## 3.4 未来

本节将讨论为进一步合法地确保太空可持续性而应做出的努力。

### 3.4.1 空间碎片的定义

必须明确空间碎片的定义，可通过国际条约或国际习惯法对其进行定义，使《责任公约》发挥更大作用。因为，可以通过空间碎片的定义和发射国所采取的碎片减缓措施，共同界定过错。

联合国和平利用外层空间委员会大会[①]指出，对空间碎片的定义需要一定的商讨过程。

### 3.4.2 过错的定义

《责任公约》未对过错进行明确定义，这是问题所在。设计缺陷是否可以视为过错？主动跟踪机制的不足是否可以视为过错？不遵守指南规定是否可以视为过错？过错定义不清晰的问题，在铱星-宇宙卫星事件中特别突出。因此，必须在类似事件再次发生之前解决这个问题。

---

① UNCOPUOS General Assembly A/AC. 105/1177 [2018].

### 3.4.3 轨道管理

从目前看，轨道管理是可行的。因为目前还没有负责所有外层空间轨道资源指配管理的国际机构（类似国际电信联盟负责频率资源指配管理），各国政府在《责任公约》的约束下，承担了确保本国卫星不与其他国家卫星发生碰撞的责任。但是，如果某些特定轨道变得更加拥挤，那么可以考虑采用与地球静止轨道资源指配管理相同的管理方式。

集中统一的轨道管理机制有助于未来进行责任认定。例如，给卫星星座系统指配特定的轨道空间，那么如果星座 A 的卫星误入了星座 B 的卫星轨道，则星座 A 就可被认定为过错方。这样一来，无论空间物体是否为活跃卫星，都可进行责任认定。正如铱星-宇宙卫星相撞事件所表明，未来应明确空间碎片是否对在轨碰撞负有责任。

### 3.4.4 主动碎片移除

技术进步推动人们开始尝试从外层空间移除碎片，这就要求必须考虑与之相关的法律问题。对于轨道高度 650 km 以上的卫星，目前只有 20％的卫星可以进行离轨控制。[①] 如果想要卫星返回地球，则需运用主动碎片移除技术。当前，实施碎片移除必须获得碎片所属国的同意。从清理外层空间环境的角度来看，这是不必要的障碍。

可尝试从其他国际法律领域寻找解决上述问题的方法。例如，海事法关于打捞的规定。

打捞法是海事法的组成部分，规定在海上追回他人财产的人应获得与财产价值相等的报酬。从目前看，在外层空间难以照抄这条规定，因为回收的卫星除了作为博物馆文物以外没有其他价值。但是，如果从法律角度对空间碎片进行了定义，那么清除者就可以声称是为了国际社会的利益而进行碎片清除，不必征得所属国的许可。对于碎片身份不明或所属国家存在争议的情况，这样的

① Jeff Foust 'Mega - Constellations and Mega - Debris' ［2016］ The Space Review ＜http：//www.thespacereview.com/article/3078/1＞ accessed 25th September 2018.

做法也是有益的。

### 3.4.5 跟踪物体

《登记公约》要求空间物体必须登记，但是对于空间物体的跟踪却没有任何规定。当前，空间物体的跟踪由各国政府各自实施。这就引发了一个问题，如何确保空间物体以及空间碎片身份的可信度。认定外空中某颗半个世纪之前发射的卫星到底属于哪个国家，是一件困难的事情。尽管新兴公司正在研究发展更加准确的跟踪技术，但数据问责的问题将始终存在。

### 3.4.6 《空间碎片减缓指南》成为国际习惯法

国际习惯法是适用于所有国家国际法的前身。[①] 如果一项约定足够普遍和广泛，并在行为实施的国家具有法律确信，那么这个约定就可成为国际习惯法。[②]《空间碎片减缓指南》的应用可以被认为是国际习惯法，尽管目前还处于起步阶段。[③]这意味着，如果上述问题缺乏具体条约也不要紧，因为各国的惯用做法可作为法律确信。

### 3.4.7 人人有责的义务

新航天产业蓬勃发展的基础在于进入空间能力的进步。虽然说在国际层面不大可能发生，但过度监管也将对整个产业造成损害。利用目标监视和机动避让进行空间碎片管理处置，经济成本很高，远高于遵循指南。从所有外层空间参与者的共同利益考虑，首先应当避免产生空间碎片，特别是在卫星星座所运行的轨道空间。所有实体都有义务遵守现行和未来的指南准则。清晰的规定，对所有国家和商业公司都有益处。虽然《空间碎片减缓指南》等指南类文件的前期推广率较低，但这种做法值得推荐。

---

① United Nations, 'Charter of the United Nations and Statute of the International Court of Justice' [1945] Article 38 (1) (b).

② *Nicaragua v. United States of America* International Court of Justice [1986] <http://www.icj-cij.org/files/case-related/70/070-19860627-JUD-01-00-EN.pdf> accessed 26th September 2018.

③ Scott Kerr 'Liability for Space Debris Collisions and the Kessler Syndrome' [2017] <http://www.thespacereview.com/article/3387/1> accessed 26th September 2018.

## 3.5　结论

本章概述了与卫星星座相关的空间碎片法律问题，并梳理了现有法律框架中需要进一步明确的事项。

提出假设性问题非常容易，但回答这些问题却很困难。空间立法需要将复杂的技术创新、微妙的国际关系以及各国国内法统筹考虑。空间立法过程漫长，但是由于一方面航天产业不断涌现新的玩家，另一方面卫星星座设计与发射快速迭代，这就导致现在比以往任何时候都更加迫切地需要回答新的问题。

航天领域已经成为国际合作的先行试验田，以国际空间站为代表的国际合作项目，向世人展示了在国际法框架下可以很好地进行国际合作。我们希望，未来这样的资源共享可以一直持续下去。

**艾万·赖特**　谢菲尔德大学宇航工程专业硕士研究生，曾在英国哈维尔卫星应用技术中心进行为期一年的工业实习，研究领域为小卫星和卫星星座。电子邮箱：etwright1@sheffield. ac. uk.

# 第4章　近地轨道的兴起：是否需要为卫星星座建立专门的法律制度？

爱丽丝·里维埃（Alice Rivière）

**摘　要**　最近，一些企业家重新发起由几百颗、甚至几千颗卫星组成的近地轨道星座计划，这将导致近地轨道在轨卫星数量急剧增加，进而造成近地轨道的拥挤，并带来与之相关的法律问题，如近地轨道频率管理、监管和无线电频率划分等问题，以及根据近地轨道的特殊性修订法律框架的潜在需求。

通过分析为地球静止轨道建立专门法律制度的原因，将确定是否有必要为近地轨道建立类似的法律制度。

## 4.1　卫星领域的新兴技术

美国著名律师和企业家玛蒂娜·罗斯布拉特在1995年诗意地预言：到21世纪之交，新的近地轨道技术将在外层空间迅速发展，覆盖地球上的每一个国家。近地轨道卫星每天会在太空中穿梭数十次，向世界各地传播消息，输送无数的通信信号，传递无尽的资讯信息。①

20世纪90年代，卫星领域出现了新的技术：由计算机控制的卫星星座部署在具有战略意义的轨道上，相互连接形成全球卫星通信系统。② 卫星星座有两个特征：第一，顾名思义，多颗卫星组成一个相互联接的飞行编队，围绕地球飞行，相对地球表面卫星位置不断变化，并在彼此、用户和地球站之间传递

---

① Martine Rothblatt，Lex Americana：The New International Legal Regime For Low Earth Orbit Satellite Communications Systems，Journal of Space Law，Vol. 23，No. 2（1995），p. 140.

② Martine Rothblatt，Lex Americana：The New International Legal Regime For Low Earth Orbit Satellite Communications Systems，Journal of Space Law，Vol. 23，No. 2（1995），p. 140.

信息；[①] 第二，部署在较低轨道。[②]

一般而言，通信卫星通常应发射到高度更高的轨道，即地球静止轨道：一条位于赤道上空约 36 000 km 高度的圆形轨道。[③] 由于轨道位置正好位于赤道上空，部署在地球静止轨道的卫星有个特点，它们以地球自转速度围绕地球运动。[④] 从地球表面某一位置观察，卫星好像静止不动。[⑤] 虽然实际上，卫星在轨道空间按"8"字形运动。[⑥] 这个特点非常重要，因为不必移动地面测控站，也无须调整站内天线方向，这些看似静止的卫星就可始终用作地面两点之间的通信中继器。[⑦] 这就是为什么移动通信卫星最初部署在地球静止轨道的原因。[⑧]

20 世纪 90 年代初，移动通信系统兴起，尤其是数字语音处理、卫星技术和组件小型化等基于天基卫星的移动通信技术取得显著进步。[⑨] 在此基础上，一些商业公司提出，在轨道高度低于 2 000 km 的近地轨道部署卫星星座。[⑩] 将

---

① ITU Press Archiv WRC97, What Are the New Mobile Satellite Systems?, available at: https: //www. itu. int/newsarchive/press/WRC97/What - are - new - mss. html (accessed on September 30, 2018).

② Martine Rothblatt, Lex Americana: The New International Legal Regime For Low Earth Orbit Satellite Communications Systems, Journal of Space Law, Vol. 23, No. 2 (1995), p. 125.

③ *See* Article 1. 188 ITU Radio Regulations and C. Brandon Halstead, Promethues Unbound—Proposal for a New Legal Paradigm for Air Law and Space Law: Orbit Law, Journal of Space Law, Vol. 36, 2010, p. 172.

④ S. Hobe, Geostationary Orbit, in: Max Planck Encyclopedia of Public International Law, 2007, para. 2: "在地球静止轨道上运行的卫星以 23 小时 56 分 4. 2 秒一圈的速度绕地球飞行，与地球自转速度相同。"

⑤ R. Jakhu, The Legal Status of the Geostationary Orbit, Annals of Air and Space Law, Vol. 7, 1982, p. 333.

⑥ S. Hobe, Geostationary Orbit, in: Max Planck Encyclopedia of Public International Law, 2007, para. 3.

⑦ E. DuCharme, R. Bowen, M. Irwin, The Genesis of the 1985/87 ITU World Administrative Radio Conference on the Use of the Geostationary - Satellite Orbit and the Planning (1) of Spaces Services Utilizing It, Annals of Air and Space Law, Vol. 7, 1982, p. 262.

⑧ 第一颗移动通信卫星——海洋卫星（MARISAT）于 1976 年发射到太平洋上空的地球静止轨道，为船舶和海岸站之间提供通信。*See* G. Comparetto, N, Hulkower, Global Mobile Satellite Communications: a review of three contenders, originally presented at the 15th International Communication Satellite Systems Conference of San Diego, 1994, p. 2.

⑨ G. Comparetto, N, Hulkower, Global Mobile Satellite Communications: a review of three contenders, originally presented at the 15th International Communication Satellite Systems Conference of San Diego, 1994, p. 1.

⑩ 有几家公司提出了建立近地轨道卫星星座的计划。1998 年，轨道通信（OrbComm）公司在近地轨道部署了一个由 28 颗卫星组成的星座，成为全球第一家提供近地轨道数据和信息通信服务的商业供应商。摩托罗拉公司计划建立一个包含 66 颗卫星的铱星星座（Iridium），用于卫星电话系统，并在 1998 年进行了卫星部署。泰利迪斯（Teledesic）公司最初制定了一个全球卫星通信网络计划，打算在 700 km 高度的轨道部署 840 颗小卫星，后于 1997 年缩减规模，在 1 400 km 高度的轨道部署 288 颗卫星。全球星（Globalstar）也有类似想法，并在 1998—2000 年间，在近地轨道 1 414 km 高度部署了一个包含 48 颗卫星的星座。阿尔卡特公司基于卫星的宽带接入系统——天空之桥（Skybridge），计划在 1 457 km 高度的轨道部署一个由 64 颗近地轨道卫星组成的星座。

星座部署在较低轨道，可提高信号质量、减少传输延迟并降低助推器功率要求。① 但是，较低的轨道高度使得单个卫星的覆盖区域减小，为了实现全球覆盖，则必须将卫星部署在几个不同的轨道面。②

可惜的是，这些雄心勃勃且具有开拓性的星座计划未能成功实现。20 世纪 90 年代末，大多数项目都失败了，并因财务问题彻底取消。③

评论人士由此总结，近地轨道星座“孕育于语音时代，可悲地落后于数据时代”。④ 然而，近 20 年后，依靠新技术可以制造更小、更轻、更便宜，但性能仍很强的卫星。一些企业家重新提出由成百上千颗卫星组成的星座计划。⑤最近，五家商业公司雄心勃勃地宣布，它们计划在近地轨道部署几千颗用于互联网服务的非地球静止卫星，⑥ 专门用以将高速互联网接入缺少宽带基础设施，以及因经济欠发达而未覆盖传统基础设施的城市、郊区和农村。⑦ 事实上，对于全球互联网和物联网这种以价格为决定因素的商业模式和服务来说，近地轨道卫星星座似乎很有前景。⑧ 此外，20 世纪 90 年代发射的星座，目前正在进行第二代卫星替换。⑨

综上所述，近地轨道成为发展通信卫星的新范式，利用非地球静止卫星构

---

① P. Sourisse，D. Rouffet and H. Sorre，SkyBridge：a broadband access system using a constellation of LEO satellites，ITU Press Archiv WRC97，available at：https：//www. itu. int/newsarchive/press/WRC97/SkyBridge. html (accessed on September 30，2018).

② *See* LEO Vantage 1 (Telesat LEO Phase 1) Satellite Presentation，available at：http：//spaceflight101. com/pslv - c40/leo - vantage - 1/ (link accessed on September 30，2018).

③ 2000 年初，轨道通信、铱星、全球星公司宣告破产并申请破产保护，2002 年，泰利迪斯公司暂停了其航天活动。*See* R. Goodwins，Teledesic backs away from satellite push，2002，available at：https：//www. zdnet. com/article/teledesic - backs - away - from - satellite - push/ (link accessed on September 30，2018).

④ C. Melow，The Rise and Fall and Rise of Iridium，Air & Space Magazine，September 2014，p. 3.

⑤ W. Ailor，G. Peterson，J. Womack，M. Youngs，Effect of large constellations on lifetime of satellites in low earth orbits，p. 119.

⑥ 埃隆·马斯克的太空探索技术公司是美国联邦通信委员会授权发射和运管卫星星座的第一个美国公司。星链星座是一个由 4 425 颗宽带卫星组成的大规模宽带网络卫星星座，在大约 1 100～1 325 km 的近地轨道高度运行；同时一网向美国联邦通信委员会申请数千颗已经获得了英国授权的卫星进入美国市场。加拿大通信卫星服务提供商电星(Telesat) 也有一个卫星互联网项目，计划在近地轨道部署一个由 117 颗卫星组成的星座，并于 2017 年 11 月获得美国联邦通信委员会批准；波音和低轨星公司同样雄心勃勃地宣布，计划在近地轨道投放数千颗互联网服务卫星。

⑦ *See* e. g. 一网计划覆盖到阿拉斯加和其他北极等偏远地区，阿拉斯加州州长比尔·沃克 (Bill Walkers) 于 2016 年 8 月 3 日在致信美国联邦通信委员会主席汤姆·惠勒 (Tom Wheeler) 时强调，“我对一网卫星网络将处于极对极方向这一事实感到特别兴奋，这样阿拉斯加和其他北极地区都将得到覆盖”。

⑧ B. Trevdic，Satellites：la bataille des orbites divise le secteur，Les Echos，March 19，2015，p. 1.

⑨ *See* e. g. 铱星首席执行官马特·戴希 (Matt Desch) 在 2018 年 10 月 18 日宣布，完成铱星第二代卫星星座所需的最后一次任务时间将定于 2018 年 12 月 30 日。

建全球宽带互联网成为商业航天新兴增长能力。[1]

# 4.2　大量发射计划带来近地轨道频率监管问题

## 4.2.1　急剧增加的近地轨道卫星数量

根据卫星星座发射计划，未来近地轨道空间很有可能拥挤饱和，人们有理由质疑发射部署如此庞大数量的卫星，如何维持近地轨道空间环境的可持续性。事实上，如果上述星座计划得以实施，近地轨道在轨卫星数量将从现在的不足 1 200 颗急剧增加至 6 000 多颗。[2]

庞大数量的卫星运行在不同的轨道平面和高度，将造成近地轨道拥挤，并由此带来两个法律后果：一是近地轨道频率管理、监管以及无线电频率划分问题；二是为近地轨道及其空间碎片问题修订法律框架的潜在需求。本章将集中探讨第一个问题。

## 4.2.2　拥挤饱和风险

无线电频率是一种有限的自然资源，存在短缺风险。虽然理论上自然界的频率资源是无限的，但受限于技术水平，目前只有特定的频率资源可用以传递信息。[3] 此外，近地轨道的轨位资源也是有限的。[4]

部署数量庞大的卫星，可能会导致频率短缺、频率干扰、在轨碰撞以及射电天文业务干扰等问题。[5]

---

① S. Le May，S. Gehly，B. Carter，S. Flegel，Space debris collision probability analysis for proposed global broadband constellations，Acta Astronotica，Vol. 151，2018，p. 445.

② W. Ailor，G Peterson，J. Womack，M. Youngs，Effect of large constellations on lifetime of satellites in low earth orbits，p. 119. 除了跟踪的物体外，据估计，还有多达 8 000～10 000 个大于 10 cm 的空间碎片、50 万个 1～10 cm 大小的空间碎片以及数百万个更小的空间碎片驻留在近地轨道上。*See* W. Ailor，G Peterson，J. Womack，M. Youngs，Effect of large constellations on lifetime of satellites in low earth orbits，p. 117.

③ ITU News Archive WRC97；What are the New Mobile Satellite Systems，available at：https：//www. itu. int/newsarchive/press/WRC97/What - are - new - mss. html（accessed on September 30；2018）.

④ P. Arnopoulos，The International Politics of the Orbit - Spectrum Issue，Annals of Air and SpaceLaw，Vol. 7，1982，p. 217.

⑤ 美国国家射电天文台在卫星星座进入美国市场获得应用许可方面，向美国联邦通信委员会表达了对射电天文设施可能受到干扰的担忧。

在卫星领域，干扰被称为串扰或内联事件。当两颗卫星同时处于通信区域上方，它们的波束交叉，就有可能造成无线电干扰。[①]

科学文献早有提及，近地轨道的过度拥挤可能会带来卫星碰撞风险，即凯斯勒综合征。[②] 早在1978年，科学家们就开始担忧，终有一天，地球将被一连串的在轨碰撞封锁，人们会丧失进入太空的通道，包括近地轨道在内的轨道空间将无法使用。[③]

迄今为止，已经至少报道了4起近地轨道超高速意外碰撞事件，其中一起发生在第一代低轨星座卫星——铱星-33卫星与俄罗斯报废航天器——宇宙-2251卫星之间。[④] 甚至有研究称，一网（OneWeb）和太空探索技术公司（SpaceX）规划的卫星星座，在未来五年的运行阶段中，将至少发生一次在轨碰撞事件。[⑤]

## 4.3 与地球静止轨道进行对比

### 4.3.1 关于地球静止轨道稀缺性、有限性和饱和性的早期意识

对轨道拥挤饱和的关切并不是近地轨道独有的。当卫星在地球静止轨道上翻倍部署时，人们同样关切地球静止轨道的拥挤饱和问题。国际电信联盟是联合国主管信息通信技术的专门机构，并负责监管国际卫星行业，[⑥] 致力于国际电信技术便利化。国际电信联盟从设立之初就意识到需要优化发展、公平共享

---

① *See* e.g. 当不同的非地球静止轨道固定卫星业务（FSS）系统的卫星与其中某个系统的地面运行站实现物理对齐时，就会发生内联事件，因此在从地面站测量时需使卫星之间的顶心角小于10°。FCC，Notice of Proposed Rulemaking，December 15，2016，para. 22.

② D. J. Kessler，Collisional cascading：the limits of population growth in low Earth orbit，Advance Space Research，Volume II，1991，pp. 3 - 6.

③ D. St. John，The Trouble with Westphalia in Space：The State - Centric Liability Regime，Denver Journal of International Law and Policy，Vol. 40，2012，p. 688.

④ 2009年2月10日16时56分（世界标准时间），铱星-33卫星与俄罗斯报废航天器宇宙-2251卫星相撞。*see* S. Le May，S. Gehly，B. Carter，S. Flegel，Space debris collision probability analysis for proposed global broadband constellations，Acta Astronotica，Vol. 151，2018，p. 445.

⑤ S. Le May，S. Gehly，B：Carter，S. Flegel，Space debris collision probability analysis for proposed global broadband constellations，Acta Astronotica 151（2018），453.

⑥ R. Jakhu，The Legal Status of the Geostationary Orbit，Annals of Air and Space Law，Vol. 7，1982，p. 344.

地球静止轨道，以解决其有限性、稀缺性和饱和性问题。[①] 最初，国际电信联盟只负责监管地面无线电业务，很快就开始负责监管空间活动，并在 1973 年扩大监管范围，负责管理空间轨位和无线电频率使用。[②] 国际电信联盟定期召开世界无线电通信大会（WRC），旨在兼顾现有无线电业务的同时，调查研究频率划分需求，并以公平、前瞻性的方式进行频率划分、分配和指配。[③]

第一颗地球静止卫星于 1963 年发射入轨。[④] 同年，国际电信联盟召开空间通信特别行政大会（EARC），为卫星运行制定了基本行政技术规范，并为不同空间无线电业务进行了频率划分。这场会议从一开始就带有政治色彩，希望确保“全球所有国家都能不受歧视地使用通信卫星”。[⑤]

### 4.3.2　尽管政治讨论激烈，但地球静止轨道是有限自然资源的共识逐渐达成

地球静止轨道作为外层空间中独一无二的部分，应享有特殊的法律地位。地球静止轨道的这一特点，已经逐渐得到认同，[⑥] 并在 1973 年《国际电信联盟公约》第 33（2）条中有所体现，即地球静止轨道是有限自然资源，必须经济有效地予以使用，以确保各国能够公平获取。[⑦]

多年来，在南北政治极化背景下，围绕地球静止轨道可用轨位稀缺问题的

---

① F. Lyall, The International Telecommunication Union and Development, Journal of Space Law, Vol. 22, 1994, p. 24.

② P. De Man, Rights over Areas vs Resources in outer Space: What's the Use of Orbital Slots, Journal of Outer Space, Vol. 38, 2012, p. 43.

③ ITU News Archive WRC97, What are the New Mobile Satellite Systems, available at: https: //www. itu. int/newsarchive/press/WRC97/What - are - new - mss. html (accessed on September 30; 2018).

④ 1963 年美国 Syncom - 2 卫星发射至地球静止轨道。——译者注

⑤ *See* U. N. General Assembly Resolutions 1721 (XVI) part D and 1802 (XVII) part IV; *See also* E. DuCharme, R. Bowen, M. Irwin, The Genesis of the 1985/87 ITU World Administrative Radio Conference on the Use of the Geostationary - Satellite Orbit and the Planning (1) of Spaces Services Utilizing It, Annals of Air and Space Law, Vol. 7, 1982, p. 265. 正是在那场会议上，国际电信联盟登记的主要原则，即优先原则，通常被视为“先到先得”原则被首次引入。

⑥ R. Jakhu, The Legal Status of the Geostationary Orbit, Annals of Air and Space Law, Vol. 7, 1982, p. 349.

⑦ 《国际电信联盟公约》第 33（2）条规定：“在使用空间无线电业务的频率时，各成员国应注意，无线电频率和地球静止轨道是有限的自然资源，必须有效经济地予以使用，以使各国或国家集团可以依照无线电规则的规定并根据各自掌握的技术设施，公平地使用无线电频率和地球静止轨道。”

讨论开始演变为国家间轨位分配问题的激烈国际辩论，[①] 并在 1976 年《波哥大宣言》发布时达到顶峰。当时一些赤道国家否认地球静止轨道位于外层空间这一共识，拒绝落实 1967 年《外层空间条约》第二条内容。条约第二条规定，外层空间不同于国家主权范围内的空域，不得由国家通过主张或占领而据为己有。[②] 这份关于地球静止轨道的宣言遭到了国际社会的强烈反对，[③] 人们广泛认同需要建立一个专门的法律制度来管理使用这一轨道。[④]

### 4.3.3　建立专门的地球静止轨道法律制度

多年来，人们制定了一系列行政法规，并采取复杂的协调和申报程序来实现地球静止轨道卫星的频率共享。[⑤] 然而，事实表明，在地球静止轨道利用问题上，各国政府之间的协调非常困难。例如，当印度和印度尼西亚计划发射各自的卫星系统时，其他国家不愿对轨道上的本国卫星进行调整。[⑥] 随后，两个国家向国际电信联盟寻求帮助，期望解决这个问题。[⑦] 1985 年、1987 年，国际电信联盟两次召开世界无线电行政大会，专门讨论解决有关地球静止轨道的问题。会议决定为每个国家划分一个名义轨道位置（指定轨道弧段和频带），无论其是否为国际电信联盟成员，[⑧] 以此保护尚不具备航天能力的国家。特别指出，即使某个尚不具备航天能力的国家最初不打算使用其名义轨道位置，但当其后期改变主意时，仍有权利从之前的使用者中将轨位收回。[⑨]

---

① P. Arnopoulos，The International Politics of the Orbit - Spectrum Issue，Annals of Air and Space Law，Vol. 7，1982，pp. 219 and 232.

② R. Jakhu，The Legal Status of the Geostationary Orbit，Annals of Air and Space Law，Vol. 7，1982，p. 335.

③ *See* B. Brittingham，Does the World Really Need New Space Law，Oregon Review of International Law，Vol. 12，2010，p. 46. 特别是，国际电信联盟在之后的会议上都没有再讨论《波哥大宣言》，因为国际电信联盟认为该问题应由联合国和平利用外层空间委员会处理。

④ 例如加拿大、瑞典、西班牙和荷兰。*See* R. Jakhu，The Legal Status of the Geostationary Orbit，Annals of Air and Space Law，Vol. 7，1982，p. 342.

⑤ *See*《无线电规则》第 9A 条规定了通过国际电信联盟的国际频率信息申报平台提前公布规划的地球静止卫星系统资料的程序。

⑥ S. Doyle，Space Law and the Geostationary orbit：the ITU's Warc - Orb 85 - 88 Concluded，Journal of Space Law，Vol. 17，1989，p. 13.

⑦ S. Doyle，Space Law and the Geostationary orbit：the ITU's Warc - Orb 85 - 88 Concluded，Journal of Space Law，Vol. 17，1989，p. 14.

⑧ S. Doyle，Space Law and the Geostationary orbit：the ITU's Ware - Orb 85 - 88 Concluded，Journal of Space Law，Vol. 17，1989，p. 15. 这些规则从 1992 年 12 月 22 日起纳入国际电信联盟《公约》和《组织法》。

⑨ F. Lyall，The International Telecommunication Union and Development，Journal of Space Law，Vol. 22，p. 30.

1992 年的《国际电信联盟组织法》第 44 条确立了地球静止轨道的独特地位，并呼吁各成员国认识到，无线电频率以及包括地球静止轨道在内的轨道资源，都是有限的自然资源。“必须依照《无线电规则》的规定，合理、有效、经济地使用，在考虑发展中国家及特殊地理位置国家的特殊需求的基础上，确保各国、国家集团能够公平获取轨位、频率资源”。[①]《无线电规则》前言也确立了类似原则。[②]《国际电信联盟组织法》第 44（2）条的表述被引申为“有效经济地使用轨道资源，是实现公平获取这一最终目标的先决条件”。[③]

## 4.4　地球静止轨道的发展情况不适用于近地轨道

### 4.4.1　政治环境不同

比较地球静止轨道与近地轨道的演变发展情况，能够发现一个明显的不同：地球静止轨道卫星发展兴起于世界新秩序的政治背景下，与之相对，近地轨道卫星发展兴起的政治环境与其显著不同。其中最大的不同是，航天领域涌现了新玩家，即一些亚洲国家，如中国、印度和日本，作为新兴航天国家，同欧洲、俄罗斯和北美国家一道积极参与各类空间活动。[④] 忧思科学家联盟持续统计在轨卫星数据，其最新记录就是有力的证明：截至 2018 年 4 月，1 186 颗近地轨道在轨卫星中，近一半数量卫星由美国发射，中国、俄罗斯的发射数量也相当可观，此外很多国家都拥有自己的近地轨道卫星，如阿尔及利亚、白俄罗斯、印度尼西亚、伊朗、马来西亚、巴基斯坦、秘鲁、尼日利亚、越南、委

---

① 《国际电信联盟组织法》第 44 条（无线电频率和地球静止轨道及其他卫星轨道的使用）内容如下：

1）各成员国须努力将所使用的频率数目和频谱限制在足以提供必要业务所需的最低限度。为此，他们须努力尽早采用最新的技术发展成果。

2）在使用无线电业务频率时，各成员国须铭记，无线电频率和任何相关轨道，包括地球静止轨道，均为有限的自然资源，必须依照《无线电规则》的规定合理、有效和经济地使用，以使各国或国家集团可以在照顾发展中国家的特殊需要和某些国家地理位置的特殊需要的同时，公平地使用这些轨道和频率。

② J. Zoller，Improving the International Satellite Regulatory Framework.

③ P. De Man，Rights over Areas vs Resources in outer Space：What's the Use of Orbital Slots，Journal of Outer Space，Vol. 38，2012，p. 47.

④ B. Brittingham，Does the World Really Need New Space Law，Oregon Review oflnternational Law，Vol. 12，2010，p. 31.

内瑞拉、乌克兰、阿联酋、土耳其和瑞典等。[①]

### 4.4.2 旨在实现全球覆盖的私营实体是主要参与者

此外，值得注意的是，地球静止轨道卫星发展兴起时，国家是空间活动的主要行为体；[②] 而如今私营实体开始大规模参与太空竞赛，取代国家成为主要参与者。[③] 这个特点在近地轨道尤为明显。自 20 世纪 90 年代以来，低轨星座的规划部署均由私营实体主导。后者日益活跃地参与空间活动，促使航天管理向多中心模式转变。[④] 由此产生的其中一个最重要的影响，就是消除了国家对近地轨道轨位的主权占有。当年，美国联邦通信委员会批准第一代低轨卫星星座项目后，[⑤] 欧共体对美国在其他国家没有充分参与的情况下，就建立近地轨道卫星星座监管制度表示关切。[⑥] 1995 年，作为第一代卫星星座项目之一，泰利迪斯项目没有遵循一般申报程序，而是设法在世界无线电通信大会的议程上增加了一项近地轨道频率划分提案。这使人们对美国主导近地轨道资源划分的担忧更加深重。[⑦] 泰利迪斯项目的商业模式帮助该公司化解了危机。在欧洲国家对其行为展开批评时，该公司向服务对象发起求助，即那些受惠于其全球通信网络服务的未联网发展中国家。[⑧] 这里，全球覆盖是个关键因素，对于区分

① UCS' data based updated on April 30，2018，available at https：//www. ucsusa. org/nuclear – weap – ons/space – weapons/satellite – database #. W7AFTi _ pM1I（accessed on September 30，2018）.

② 有人认为，空间服务公司在 1989 年改变了适用于空间法的以国家为中心的国际制度现状，当时它是第一个将卫星发射入轨的私营公司。*See* D. St，John，The Trouble with Westphalia in Space：The State – Centric Liability Regime，Denver Journal of International Law and Policy，Vol. 40，2012，p. 687.

③ S. Shackelford，Governing the final frontier：A polycentric approach to managing space weaponization and debris，American Business Law Journal，Vol. 51，Issue 2，2014，p. 432.

④ S. Shackelford，Governing the final frontier：A polycentric approach to managing space weaponization and debris，American Business Law Journal，Vol. 51，Issue 2，2014，p. 433.

⑤ 根据国际空间法体系，非政府实体开展的任何空间活动都必须在国家的管辖和控制下进行。在美国，根据联邦法律规定，除非由联邦通信委员会颁发许可证，任何人不得建造无线电发射设备；并且由于近地轨道卫星被明确列为无线电发射设备，因此需要由美国联邦通信委员会进行国家授权。*See* Communications Act of 1934，as amended，47 U. S. C. 151and Martine Rothblatt，"Lex Americana：The New International Legal Regime For Low Earth Orbit Satellite Communications Systems"，Journal of Space Law，Vol. 23，No. 2（1995），p. 140.

⑥ *See* In re Amendment of the Commission's Rules to Establish Rules and Policies Pertaining to a Mobile Satellite Service in the 1610 – 1626. 5/2483. 5 – 2500 MHz Frequency Bands，9 F. C. C. Red. 6020 – 21（1994）.

⑦ K. Coale，Teledesic Mounts Lead in New Space Race，Wired Magazine，1997，available at：https：//www. wired. com/1997/10/teledesic – mounts – lead – in – new – space – race/（link accessed on September 30，2018）.

⑧ K. Coale，Teledesic Mounts Lead in New Space Race，Wired Magazine，1997，available at：https：//www. wired. com/1997/10/teledesic – mounts – lead – in – new – space – race/（link accessed on September 30，2018）.

比较近地轨道和地球静止轨道的相关事宜非常重要。不可否认的是，虽然当前大多数第二代低轨星座提案出自美国，但其发展目标全部都是全球互联网覆盖，因此服务于全人类的共同利益。在这里再次强调，私营实体积极参与空间活动带来的一个重要影响，就是消除了国家对近地轨道的主权占有和主权歧视。

## 4.5 如何最优地解决近地轨道频率管理问题？

### 4.5.1 完善适用于近地轨道卫星的法律框架

虽然在国际层面尚未发生关于近地轨道轨位共享的政治讨论，但轨位资源的有限性、稀缺性和饱和性问题始终存在，人们也从一开始就普遍认识到应该采用最佳方式对其进行管理。早在第一代近地轨道星座发展时期，美国联邦通信委员会就曾于 1994 年表示，在近地轨道所划分的无线电频段内，已经没有足够频率提供给所有申请者使用。①

想要回答是否需要像地球静止轨道那样为近地轨道制定专门的法律制度，首先必须分析现行法律框架。1973 年，地球静止轨道资源被认定为有限自然资源，该原则如今已经扩展到包括近地轨道在内的所有轨道。1998 年，在明尼阿波利斯召开的国际电信联盟全权代表大会上，正式明确国际电信联盟对所有轨道资源的管辖权。② 1992 年，通过《国际电信联盟组织法》第 44 条，明确各成员国关于地球静止轨道的义务扩展至所有轨道。③ 因此，近地轨道轨位资源也应以有效、经济和公平的标准来界定是否被合法使用。④ 此外，近地轨道卫星同地球静止轨道卫星一样，也适用于优先原则，那些先向国际电信联盟申报特定频率和轨位的用户将合法得到免受干扰的保护。

① In re Amendment of the Commission's Rules to Establish Rules and Policies Pertaining to a Mobile Satellite Service in the 1610 - 1626. 5/2483. 5 - 2500 MHz Frequency Bands, 9 FCC Red. 6020 - 21 (1994).

② P. De Man, Rights over Areas vs Resources in outer Space: What's the Use of Orbital Slots, Journal of Outer Space, Vol. 38, 2012, p. 44.

③ P. De Man, Rights over Areas vs Resources in outer Space: What's the Use of Orbital Slots, Journal of Outer Space, Vol. 38, 2012, p. 45.

④ P. De Man, Rights over Areas vs Resources in outer Space: What's the Use of Orbital Slots, Journal of Outer Space, Vol. 38, 2012, p. 48.

多年来，通过世界无线电行政大会、世界无线电通信大会，国际电信联盟持续迭代修订近地轨道卫星系统的管理规范，并不断制定新的规则。1992 年，国际电信联盟举办了世界无线电行政大会，将指定无线电频段的频率划分给近地轨道卫星移动业务使用，并通过一项国际电信联盟通知程序细则，明确近地轨道卫星系统相关技术参数，并要求据此协调系统之间或与其他系统可能存在的技术干扰。[①] 1997 年召开的世界无线电通信大会，向全世界非地球静止卫星系统开放了近 7 GHz 的频率资源，以期提升全球通信能力。[②]

值得注意的是，1997 年世界无线电通信大会形成了《无线电规则》第 22 条，2000 年世界无线电通信大会对其进行了修订。该条款规范了近地轨道卫星最重要的监管规则，[③] 明确了“硬（即绝不能超过）”等效功率通量密度（EPFD）限值，使非地球静止卫星系统在不影响地球静止卫星系统的前提下与其共享频率，并使地球静止卫星无须单独协调全球卫星系统就能受到保护。[④] 等效功率通量密度是一种干扰指标，考虑了来自任何地球静止卫星地球站方向上所有非地球静止卫星的总发射量，还考虑了地球静止天线的方向性。[⑤] 这一规定是国际电信联盟对近地轨道卫星实施优先原则的一项限制性条款，不适用于地球静止轨道卫星业务，后者无须对等保护近地轨道卫星系统。

### 4.5.2 未注意到关于特别调整国际电信联盟制度以适应近地轨道卫星的迫切需求

在国际法律框架中，关于近地轨道卫星系统的唯一重要规定，是一项避免其干扰地球静止轨道卫星的条款。国际电信联盟没有注意到，面对新兴卫星星

---

① M. Williams, Little LEO spectrum allocations: the Final Analysis case, WRC/97, ITU News Archive, available at: https: //www. itu. int/newsarchive/press/WRC97/little - leo. html (link lastly check on September 30, 2018).

② S. Courteix, Droit de l'espace, in: Repertoire de droit international Dalloz, 2017, para. 38.

③ *See* WRC - 00, Resolution 46：地球静止固定卫星业务（FSS）和地球静止卫星广播业务（BSS）系统的保护不受多个非地球静止固定卫星业务系统在已采用等效功率通量密度限制的频段内产生的最大总等效功率通量密度的影响。

④ T. Kadyrov, World Radiocommunication Seminar 2016 Equivalent power flux density limits (EPFD), available at: https: //www. itu. int/en/ITU - R/space/WRS16space/WRS - 16 _ epfd. pdf (link accessed on September 30, 2018).

⑤ *See* Article 21 of the Radio Regulations.

座，相关法律制度迫切需要进行调整。与 20 世纪 70 年代地球静止轨道的发展背景不同，现阶段还没有出现为近地轨道建立专门法律制度的呼声。虽然，国际电信联盟提出了针对新的低轨星座项目的有关问题，但也没让人们觉得需要建立一整套专门针对近地轨道的全新监管制度。相反，国际电信联盟坚持的是需要“一个新的协调过程”[①]，强调无意“说明特定轨道位置的优先次序，协调是双向过程”，并表示支持卫星运管机构间开展协调。[②]

### 4.5.3　呼吁通过协调的方式解决近地轨道的频率管理问题

在国际空间法律制度中，协调始终发挥着至关重要的作用。随着各国和商业公司承担更多的空间任务、发射更多的卫星和空间电台，协调发挥的作用愈发重要。[③] 国际电信联盟制度建成伊始，就依赖于成员国之间互相给予的善意和援助。协调是该制度的一个显著特征。[④] 考虑到难以协调一致达成合作，是促成为地球静止轨道建立专门法律制度的契机，因此目前国际电信联盟所采取的立场有一定合理性。此外，卫星运管机构表示非常愿意开展低轨星座合作。例如，太空探索技术公司提议，近地轨道卫星运管机构应当共享数据，公开卫星轨迹范围内每个波束的转向角，减少与地球静止卫星内联事件的发生。[⑤] 一网公司承诺，将与射电天文业务机构良好协商，规避干扰问题。[⑥] 一网公司还与波音公司达成协议，将共同监管双方卫星星座在轨运行的距离问题（双方卫星星座均部署在约 1 200 km 高度的近地轨道）。[⑦]

卫星运管机构对外表达出非常明显的合作态度，因此似乎可以期待，看看卫星运管机构是否可以通过合作协调解决冲突问题，从而无须额外监管。最后

① WRC – 15，Report of the Director on the Activities of the Radio communication Sector，Part 2，2015，para. 3. 2. 2. 4. 3.

② WRC – 15，Report of the Director on the Activities of the Radio communication Sector，Part 2，2015，para. 3. 2. 2. 4. 3.

③ D. St. John，The Trouble with Westphalia in Space：The State – Centric Liability Regime，Denver Journal of International Law and Policy，Vol. 40，2012，p. 688.

④ J. Zoller，Improving the International Satellite Regulatory Framework，2011.

⑤ Consolidated Reply of Space Exploration Holdings，LLC before the FCC，July 14，2017，p. 4.

⑥ Opposition and Response of Worlvu Satellites Limited before the FCC，August 25，2016，para. E，p. 11.

⑦ *See* P. de Selding，OneWeb，Boeing settle constellation orbit issue；SpaceX questions OneWeb ownership，Space Intel Report blog entry，Apr 25，2017，available at：https：//www. spaceintelreport. com/oneweb – boeing – settle – constellation – orbit – issue – spacex – questions – oneweb – ownership/（link accessed on September 30，2018）.

想说的是，卫星星座之间的干扰、冲突和碰撞问题，也可通过技术而非监管的方式解决。

### 4.5.4 答案可能在技术发展领域而非监管领域

技术进步的确有可能解决未来近地轨道星座之间的冲突问题，从而无须对其进行监管。一网公司正在申请一项渐进俯仰技术专利，据说可以提供“一种避免近地轨道星座干扰地球静止卫星的技术”。基于这项专利技术，其“星座卫星在飞越赤道时，能够自动改变方向和功率水平，避免干扰位其上方运行的地球静止卫星”。[①] 这项技术使人想起第一代近地轨道星座“天空之桥”采用的方法，即通过在地球静止轨道设置非操作弧段，将地球静止卫星的受扰程度维持在不可见水平。为避免干扰地球静止卫星系统，计算考虑了天线的方向性和不同功率水平，在卫星程序上设置了一个非操作区，覆盖了从地面观测到的地球静止轨道弧段两侧 10°的范围。[②]

此外，光通信卫星和地面系统领域也取得了令人振奋的技术进步。利用激光而非无线电波束收发数据，可以消除无线电频率传输所固有的潜在干扰和传播延迟。[③]

过去，第一代卫星星座项目均以失败告终。或许，首先允许大规模卫星星座部署发展，再制定具体监管规则，才是明智之举。同时，我们应牢记拉克斯大法官的至理名言[④]：

“（立法）是一个漫长而艰辛的过程，面向不断发生变化的现实要求，立法者应当始终慎之又慎。我们必须欢迎已取得的成就，并争取更进一步的共识。

---

① Opposition and Response of Worlvu Satellites Limited before the FCC，August 25，2016，Annex A－1；*See* also L. Press，Inevitability of global standards for non－terrestrial spectrum sharing，Blog entry，2017，available at：http：//www. circleid. com/posts/2017linevitability _ of _ global _ standards _ for _ non _ terrestrial _ spectrum _ sharing/（lastly checked September 30，2018）.

② P. Sourisse，D. Rouffet and H. Sorre，SkyBridge：a broadband access system using a constellation of LEO satellites，ITU Press Archiv WRC97，available at：https：//www. itu. int/newsarchive/press/WRC97/SkyBridge. html（accessed on September 30，2018）.

③ C. Anderson and K. Taffelson，SpaceX，STARLINK and the battle for satellite broadband development，Space Angels blog post，2017，available at：https：//www. spaceangels. com/post/spacex－starlink－and－the－battle－for－satellite－broadband－deployment（lastly check on September 30，2018）.

④ Judge Manfred Lachs，Additional Report of the Committee on the Peaceful Uses of Outer Space，A/5549/Add：1，Verbatim record of the Twenty－fourth Meeting，Annex，p. 4.

外层空间法还处于形成阶段，我们必须谨慎小心行事——从达成的协议中充分受益，执行它们、拓展它们、落地它们，并继续争取实现更多协议。”

**爱丽丝·里维埃**　法学硕士，在纽约和巴黎任律师。拥有迈阿密大学国际法法学硕士学位（2015），巴黎第一大学国际经济法、哥伦比亚法学院和巴黎政治大学硕士学位（2012），以及巴黎第一大学硕士学位和科隆大学法学硕士学位。曾在瑞士从事国际争端法务工作，现投身航天领域，并在德国慕尼黑任宇航防务集团空中客车公司的反腐败经理。

# 第 5 章　国际电信联盟监管框架对大型卫星星座未来发展的影响

克劳迪乌·米哈伊·塔亚图（Claudiu Mihai Tăiatu）

**摘　要**　本研究分析了国际电信联盟《无线电规则》和国际电信联盟无线电通信部门建议书对大型卫星星座未来发展的影响。特别是，本研究根据最新调研报告，提出了国际电信联盟关于大型卫星星座监管框架的改进需求。

本研究分析了国际电信联盟无线电通信部门对大型卫星星座未来在轨部署的里程碑管理方法，详细探讨了非地球静止轨道卫星系统的频率指配启用（BIU）问题；分析了 4A 工作组（WP4A）旨在解决投机性申报、频率囤积并避免主管部门封锁频率资源问题的法律框架提案，该提案计划在第 19 届世界无线电通信大会进行讨论；探讨了为解决近地轨道大型卫星星座带来的空间碎片风险，形成新的国际电信联盟无线电通信部门建议书的必要性；从国际电信联盟的角度探讨了空间碎片减缓与治理的问题；依据《外层空间活动长期可持续性准则》，分析了国际电信联盟的作用。

## 5.1　前言

国际电信联盟作为联合国专门机构，按照公平获取、合理使用和免受有害干扰的原则负责划分全球无线电频率和卫星轨位。[①] 无线电频率是一种有限自然资源，必须合理、有效、经济地加以利用。[②]

---

① 根据《国际电信联盟组织法》第 2（a）条，国际电信联盟应：实施无线电频率的频段划分、无线电频率的指配和登记，以及空间业务中地球静止轨道卫星轨道位置及其他轨道卫星相关特性的登记，以避免不同国家无线电台之间的有害干扰。

② ITU Constitution，Chapter VII，Article 44 *Use of the Radio-Frequency Spectrum and of the Geostationary-Satellite and Other Satellite Orbits*.

对于国际电信联盟来说，大型卫星星座的部署带来两个问题。[①] 通过一个复杂的申报、协调和启用机制，国际电信联盟将频率和轨位资源指配给申请的主管部门。但是，国际电信联盟《无线电规则》现行条款，未对非地球静止轨道卫星系统的投入使用问题进行明确，从而无法防范非地球静止轨道频率囤积和“纸上卫星”问题的发生。此外，大型卫星星座有可能影响外空环境的可持续性。因此，对于近地轨道商业活动，国际电信联盟还须重点关注空间碎片的减缓与治理问题。[②]

即将部署的大型卫星星座正在挑战国际电信联盟的法律框架。本研究将探讨修订完善国际电信联盟关于大型卫星星座监管框架的必要性。具体而言，主要涉及以下两个方面：

1）如何设计非地球静止轨道卫星网络频率指配启用机制？

2）国际电信联盟如何主动开展近地轨道空间碎片减缓与治理工作？

## 5.2 为保障权利、免受后续卫星网络技术的有害干扰，频率指配启用机制必不可少

部署新的空间无线电通信系统，需要各国主管部门首先进行频率、轨位资源申报，并在《国际频率登记总表》中进行登记，以便对卫星网络的频率指配进行公告，并保护指配频率免受有害干扰。[③]《无线电规则》对卫星频率使用，以及避免对其他地面、空间服务用户（包括现有和未来规划的服务用户）造成干扰的规则和协调程序进行了规定，主要包含以下三个基本步骤[④]：

1）提前公布资料——《无线电规则》第 9 条，第 1 节。

2）协调（CR/R）——《无线电规则》第 9 条，第 2 节。

3）申报并在《国际频率登记总表》中登记频率指配——《无线电规则》

---

① Lyall F，Larsen P. B.，*Space Law*，*A treatise*，（Chapter 9 - *Unusual Problems*，p. 240，ISBN：978 - 1 - 4724 -4782 - 1，2nd Edition，Routledge，2018）.

② Ibid. *supra* note 3，p. 244.

③ Matas Attila，“The ITU Space Regulation - A Key Element to Access Space”，［2018］IAC - 18. E7. 7 - B3. 8. 6. x42748.

④ Ibid. *supra* note 5.

第 11 条。

频率指配启用，指允许某一卫星网络使用某一特定频段的频率开展卫星业务，要求必须在《国际频率登记总表》中永久登记该频率指配情况。[①] 国际电信联盟无线电通信局（BR）负责管理《国际频率登记总表》。[②]《无线电规则》第 11 条详细描述了频率指配启用的有关规定。《无线电规则》第 11. 44 款规定：根据《无线电规则》第 9 条，必须在提交完整资料后七年以内完成频率指配启用。七年期限内，各国主管部门必须完成提前公布资料[③]和协调[④]程序，并提供卫星网络投入使用的日期（DBIU）。

《无线电规则》第 11. 44B 款补充了频率指配启用的具体要求和条件。[⑤] 其中，第一个条件是，“必须在轨道上部署至少一个确实具有发射或接收指配频率能力的空间电台”，这意味着至少已在轨部署一颗卫星且后者能够开展业务。第二个条件是，空间电台实现 90 天连续在轨——“部署在所申报的轨道并连续保持 90 天”。

## 5. 3　国际电信联盟《无线电规则》没有专门解决非地球静止轨道空间电台频率指配启用机制问题

国际电信联盟无线电通信局在实际管理中，遵循《无线电规则》第 11. 44 款的规定：对于非地球静止轨道卫星系统，只要其中一颗卫星已在空间部署并能发射接收所指配的频率，则不论卫星系统共计划部署多少颗卫星，该系统的

---

① Matas Attila，Henri Yvon and Loo Chuen Chen，“The ITU Radio Regulations Related to Small Satellites” pp. 237 - 267，in Marboe Irmgard（ed），*Small satellites*：*Regulatory challenges and chances*（Lam edition，Brill Nijhoff，2016）.

② ITU Addendum 1 to Document CMR15/4 - E，*Report of the Director on the Activities of the Radiocommunication Sector*，2 July 2015，pp. 6/75 in Chapter 2. Application of the Radio regulations for Space Services，2. 1. Introduction. <https：//webcache. googleusercontent. com/search? q=cache：wJ8OZvvEM - kJ：https：//www. itu. int/md/dologin _ md. asp%3Flang%3Den%26id%3DR15 - WRC15 - C - 0004%2521A1%2521MSW - E+cd=1&hl=ro&ct=clnk&gl=ro>accessed：03. 06. 2018.

③ Article 9，No. 9. 1 or 9. 2，Chapter III，RR.

④ Article 9，No. 9. 1A，Chapter III，RR.

⑤ No. 11. 44B RR “如果一个具有发射或接收频率指配能力的地球静止轨道空间电台部署在所申报的轨道位置并连续保持 90 天，则该频率指配须视为已启用。主管部门须在自 90 天期限结束之日起 30 天内，将此情况通报无线电通信局。无线电通信局在收到该款规定的资料后，须尽快在国际电信联盟网站上提供该资料并将其在无线电通信局《国际频率信息通报》中公布。第 40 号决议（WRC - 15）适用。”

频率指配均视为已启用。[①]

简单而言，现实情况就是，只要有一颗在轨卫星登记在案，主管部门就认为卫星运管机构将会部署某个非地球静止轨道系统的所有卫星。也就是说，无论卫星星座中卫星数量共有多少，只要有一颗卫星在轨运行，主管部门申报的频率指配都将得到国际承认和保护。

国际电信联盟无线电通信部门下辖的无线电通信局 4A 工作组（WP4A），对《无线电规则》具体条款的不足进行了研讨，作为第 19 届世界无线电通信大会议项七——“固定卫星业务和卫星广播业务轨道/频率高效使用”[②] 问题的组成部分。[③] 4A 工作组主要负责第 19 届世界无线电通信大会议项七议题 A 的研究，讨论了“非地球静止轨道频率指配启用问题所需协调的相关事项”等内容。[④] 为了适用《无线电规则》第 11 条，4A 工作组提出了一种非地球静止轨道卫星系统频率指配启用机制，并拟在第 19 届世界无线电通信大会上进行讨论。[⑤] 研究成果整理在 4A 工作组为第 19 届世界无线电通信大会议项七议题 A 所做的大会筹备会议报告草案中。下文将对此进行分析。

## 5.4　2018 年第 19 届世界无线电通信大会筹备会议（CPM）草案报告

2018 年 9 月 17 日，国际电信联盟无线电通信局局长发布了《CPM 报告草案》。草案内容主要为供第 19 届世界无线电通信大会审议的技术、操作和监管

① Director，ITU Radiocommunication Bureau，*Report of the CPM on operational and regulatory/ procedural matters. To the World Radiocommunication Conference* 2015，（Chapter 5，Issue G，page 48，2nd Session of the Conference Preparatory Meeting for WRC－15）.

② Document CPM19－1/1－E，“Director Radiocommunication Bureau－Structure of ITU－R StudyGroups”，24 November 2015.

③ WRC－19 Agenda Item 7：“根据第 86 号决议（WRC－07，修订版），考虑为回应全权代表大会第 86 号决议（2002 年，马拉喀什，修订版）——‘卫星网络频率指配的提前公布、协调、申报和登记程序’——而可能做出的修改和采取的其他方案，以便为合理、高效和经济地使用无线电频率及任何相关轨道（包括地球静止轨道）提供便利”。

④ Annex 22 to Document 4A/63－E.

⑤ Art. 11 of the Radio Regulations ITU edition 2016，regarding the Notification and recording of frequency assignments，WRC 2015.

程序等[①]，是国际电信联盟无线电通信部门相关小组为第 19 届世界无线电通信大会筹备的最新文件。4A 工作组关于议项七议题 A 的研究报告——《所有非地球静止轨道系统频率指配启用，以及针对特定频率非地球静止轨道系统的基于里程碑部署方法的考虑》（以下简称《报告》）也在其中。[②]

《报告》的第一个重点是为协助解决第 19 届世界无线电通信大会议项七议题 A，制定了下列指导原则：

1）启用程序应当区分于用以非地球静止轨道系统频率指配保护及权利保障的其他后续行动。

2）完成非地球静止轨道系统启用程序，不应要求在七年规则期限内完成部署系统的所有卫星。

3）应当为非地球静止轨道系统的整体部署留有适当的时间周期。

4）应当为第 19 届世界无线电通信大会可能通过的新的里程碑方法的实施，提前考虑适当的过渡措施。

5）里程碑方法应当适用于特定频率所有非地球静止轨道系统。

6）在制定里程碑方法的同时，涉及非地球静止轨道系统频率指配监管方式调整的部分，还应当考虑《无线电规则》第 9.58、11.43A 和 11.43B 款的相关规定。

7）里程碑方法应当鼓励各主管部门及时部署卫星，未达到里程碑要求将承担相应处置措施。[③]

上述原则反映了 4A 工作组的努力成果，也是非地球静止轨道卫星网络频率指配启用监管方案制定的基础。原则中的关键词体现了制定启用机制的目的，即对非地球静止轨道系统频率指配进行保护和权利保障，这些最终也将体现在里程碑方法中；制定适当的过渡措施，解决新的里程碑方法可能带来的包括法律问题在内的各种影响；可能会对《国际频率登记总表》的内容进行修订，避免不能满足某一特定里程碑。根据上述指导原则，在《CPM 报告草案》

---

① Director，ITU Radiocommunication Bureau—Document CPM19 - 2/1 - E，"Draft CPM Report，Conference Preparatory Meeting for WRC - 19，Geneva，18 - 28 February 2019"（Plenary Meeting，17 September 2018）.

② Ibid. *supra* note 17，p. 28.

③ Ibid. *supra* note 17，p. 30.

执行摘要中明确了两个一般性结论。

第一个一般性结论是，七年规则期限应当继续应用于非地球静止轨道的频率指配启用机制，并为卫星保持运行在所申报轨道面上的最短期限提出了三种备选方案：90 天、不足 90 天、无固定期限。[①] 第二个一般性结论是，应通过一项新的世界无线电通信大会决议，采用里程碑方法规范非地球静止轨道卫星系统的部署。《CPM 报告草案》对监管实施方法进行了举例说明。参会代表提出了几种不同方案，内容包括里程碑的数量、周期、每个里程碑的百分比，以及未达到里程碑要求时将承担的相应处置措施等。

《报告》的第二个重点是为第 19 届世界无线电通信大会议项七议题 A 提出的监管方案。[A7（A）- NGSO - milestones] 号决议草案标题为《针对特定频率非地球静止轨道系统空间电台频率指配的里程碑方法》。《报告》提出对国际电信联盟《无线电规则》进行修订：将决议草案的内容纳入第 11 条；对第 13 条进行修订；附件 1 增加空间电台部署计划应提交的资料；附件 2 增加里程碑周期的计算方法。

分析决议草案的内容，可以注意到若干频段及其服务、过渡方案、申报修改，以及不提交部署信息和暂停使用已登记频率指配的处置措施等内容。草案中，将里程碑方法中的频段区分为达成共识和未达成共识两种。另外草案仅提到了无线电通信局的要求，但没有进行详细说明。

## 5.5　非地球静止轨道卫星星座的频率指配启用机制是实施里程碑方法的先决条件

在第 19 届世界无线电通信大会筹备过程中，4A 工作组提出，非地球静止轨道卫星系统的频率指配启用机制应当继续沿用地球静止轨道卫星系统的机制，即在收到提前公布资料或协调请求之日起的七年内，将一颗卫星部署到所

---

① Ibid. *supra* note 17，p. 28.

申报的轨道面。[①]

这意味着，无论未来构成近地轨道卫星星座的卫星数目有多少，对于非地球静止轨道而言，应同样实施地球静止轨道卫星频率指配启用机制的七年规则期限。不论是由单颗卫星构成的非地球静止轨道卫星系统，还是由多轨道面、多颗卫星组成的非地球静止轨道星座，应同样遵循至少将一颗能够发射或接收指配频率的卫星部署至所申报轨位的规定。[②]

非地球静止轨道卫星系统的频率指配启用机制，是对整个非地球静止轨道卫星系统的频率指配进行保护和权利保障的先决条件。完成非地球静止轨道频率指配启用程序，就赋予了主管部门对指配频率的权利，意味着其星座系统可以在轨运行。

启用机制作为里程碑方法系统的初步尝试，也是对《国际频率登记总表》频率指配登记进行保护和权利保障的先决条件。基于此，主管部门的相关权利将得到保障，而不再受卫星发射能力的制约。此外，频率指配受优先原则保护。国际电信联盟的及时认证，有利于向国际电信联盟积极登记卫星星座项目的那些国家的主管部门。

## 5.6 里程碑方法对保护非地球静止轨道卫星系统在《国际频率登记总表》中登记的指配频率十分必要

里程碑方法将评估非地球静止轨道卫星系统频率指配的使用是否符合其已登记的相关特性。部署到一个或多个所申报的轨道面上，且确实具有发射和接收指配频率能力的卫星数量，将与该里程碑所需的最低卫星数量进行比较。[③]4A 工作组阐释了里程碑方法，该方法包括一项协调运作机制，在防范频率囤积和识别非地球静止轨道卫星系统面临的技术与运管挑战之间进行平衡。

---

① Document ITU 4A/TEMP/188, "Compilation Preliminary Draft CPM Text for WRC－19 Agenda Item 7－Issue A", [2018], Radiocommunication Study Groups.

See also the latest document: *supra* note 17—Document CPM19－2/1－E, "Draft CPM Report, Conference Preparatory Meeting for WRC－19, Geneva, 18－28 February 2019" (Plenary Meeting, 17 September 2018).

② Ibid. *supra* note 21.

③ Ibid. *supra* note 21.

完成非地球静止轨道卫星系统的启用程序，并不要求在七年规则期限内部署完毕所有卫星。根据里程碑方法，要实现非地球静止轨道卫星系统所有卫星的有序部署，花费时间将多于七年规则期限。

只有非地球静止轨道大型卫星系统的频率指配能够反映卫星系统在七年规则期限之后的部署情况，对所登记的频率指配的权利保护才能得到保障。

这样做的好处在于，即使卫星尚未部署至轨道，其指配频率也能受到保护。但是，只有对里程碑方法中明确的条件（如时间和百分比）进行评估后，才能延续对频率指配权利保护的保障。

主管部门必须向国际电信联盟通报非地球静止轨道卫星星座频率指配的启用情况。完成之后，卫星运管机构才能根据里程碑方法的相关规定继续部署星座。①

若将这些规定纳入新的世界无线电通信大会决议，就能为非地球静止轨道卫星系统的部署问题提供解决方案，并且不必在第 19 届世界无线电通信大会上对《无线电规则》进行大幅修订。若里程碑方法可行，最终将被纳入《无线电规则》第 9 条、第 11 条。应用里程碑方法的最早日期，将是第 19 届世界无线电通信大会最终决议的生效日期。

值得注意的是，到目前为止，还没有非地球静止轨道卫星网络实际投入使用。2018 年，太空探索技术公司将 Microsat－2a 和 Microsat－2b 卫星部署入轨，作为星链星座的一部分，主要用于航天器及天线技术测试。一网公司多次推迟其卫星网络部署计划，最新计划日期为 2019 年 2 月。根据七年规则期限，主管部门 2014 年所申报的星座系统，其频率指配启用期限的截止日期为 2021 年。

---

① Ibid. *supra* note 21.

## 5.7 设置为期12年的三个里程碑，并将非地球静止轨道卫星系统的部署完成率设置为75%

提出了总时长共计12年、设置三个里程碑的方法。[①] 三个里程碑将从七年规则期限结束之日起开始实施。七年规则的起算时间为收到提前公布资料（适用于2016年7月前申报的非地球静止轨道卫星系统），或收到协调请求信息（适用于2016年7月后申报的非地球静止轨道卫星系统）之后。里程碑方法（见表5-1）有多个选项可供第19届世界无线电通信大会审议。在三个里程碑和12年时间的框架下，应鼓励非地球静止轨道卫星系统整体部署的迅速开展，并避免出现申报成百上千颗“纸上卫星”而实际仅部署一颗卫星的情况。

可以合理推断，主管部门和卫星运管机构想要部署完成所有卫星。但实际情况是，在卫星系统的部署过程中，卫星运管机构可能会丢失一些卫星。这就是最后一个里程碑不应将卫星部署完成率设置为100%的原因。如果设置为100%，在失去一颗或数颗卫星的情况下，主管部门就无法遵守卫星申报规定，也无法一夜之间完成卫星替换。最后一个里程碑采用75%的完成率标准，能够允许卫星替换以及解决其他技术问题，还能规避在最后一个里程碑期限内修改《国际频率登记总表》的风险。

最后一个里程碑的完成率是最有争议的问题之一。若将部署完成率设置为75%，则对卫星运管机构有利，同时也能保证卫星系统的正常运行并避免囤积频率。若将部署完成率设置为100%，则一旦丢失卫星，主管部门就会被无线电管理局质疑为何没有完成前期在《国际频率登记总表》中所登记的频率申报。相反，部署完成率设置为75%，既可以避免卫星运管机构受到惩罚，又能赋予他们部署卫星系统的灵活度。但是，部署完成率设置为75%也存在弊端，它为星座部署敞开大门，不利于开展协调规避有害干扰。如果完成率最终

---

① Ibid. *supra* note 21.

See also：Annex 6 to Document 4A/364-E，“*Working Document Towards a Preliminary Draft New Report ITU-RS-NGSO _ FSS _ BIU*”，18 May 2017 and temporary Report 4A/TEMP/123-E issued 11 May 2017. Document 4A/364-E，9 June 2017，Chairman，Working Party 4A，Report on the Meeting of WP4A3-12 May；revised February 2018.

被确定为 100%，卫星运管机构则必须非常谨慎地确保所有卫星在轨可用。对最后一个里程碑的争议，有待第 19 届世界无线电通信大会明确。

**表 5－1　基于里程碑方法的可选选项①**

| 里程碑时间[1]<br>七年规则期限结束后的年数 | | 满足里程碑最小卫星部署完成率[2] | | 部署系数 | |
|---|---|---|---|---|---|
| M1 | 1 | P1 | A1&F1:10% | DF1 | 10 |
| | 2 | | B1:8.33% | | 12 |
| | | | C1&D1:10% | | 10 |
| | | | G1:30% | | 3.33 |
| | 4 | | E1:10% | | 10 |
| M2 | 3 | P2 | A2&F2:33% | DF2 | 3.03 |
| | 4 | | C2:30% | | 3.33 |
| | | | B2:25% | | 4 |
| | 5 | | D2:50% | | 2 |
| | 7 | | E2:75% | | 1.34 |
| | 2+A[3,4] | | G2:60% | | 1.66 |
| M3 | 5 | P3 | A3:75% | DF3 | 1.34 |
| | 6 | | B3:75% | | 1.34 |
| | | | F3:100% | | 1 |
| | 7 | | C3:90% | | 1.11 |
| | | | D3:100% | | 1 |
| | 8 | | E3:100% | | 1 |
| | 2+A+B[5] | | G3:100% | | 1 |

注：1.初始时间是无线电通信局收到基于《无线电规则》第 9 条第 9.1 款或第 9.1A 款所规定完整资料的日期。

2.此栏中(A1,A2,A3)、(B1,B2,B3)、(C1,C2,C3)、(D1,D2,D3)、(E1,E2,E3)、(F1,F2,F3)和(G1,G2,G3)代表了里程碑方法确定的三个里程碑的所有组合。其中，选项(A1,A2,A3)、(C1,C2,C3)、(E1,E2,E3)和(G1,G2,G3)，起始日期是 2021 年 1 月 1 日。选项(D1,D2,D3)和(F1,F2,F3)，起始日期是 2019 年 11 月 23 日。对于选项(B1,B2,B3)，起始日期为 2021 年 1 月 1 日至 2024 年 1 月 1 日之间的任意一天。

3.A 和 B 是可变的：根据满足条件情况，12 个月≤A、B≤30 个月。

4.A=(发射的卫星数量/《国际频率登记总表》卫星总数的 30%)×30，计算出的数值四舍五入至最大整数。

5.B=(发射的卫星数量/《国际频率登记总表》卫星总数的 60%)×30，计算出的数值四舍五入至最大整数。

① 基于里程碑方法的可选选项。Table 3/7/1.3.2－1 in Document CPM19－2/1－E，"Draft CPM Report, Conference Preparatory Meeting for WRC－19，Geneva，18－28 February 2019"(Plenary Meeting，2018)

另一个需要讨论的问题是第一个里程碑的时间周期。第一个里程碑是最重要的里程碑。因为，卫星运管机构没有运行管理大型卫星星座的经验，同时还需开展协调工作。理性地说，多数主管部门可能不愿接受七年规则期限之后再加 4 年，即 7+4 年（11 年）周期。如果采纳该方案，主管部门仅需在轨部署一颗卫星而非整个星座，就能锁定频率资源 11 年。这不是里程碑的目的，因此这个选择看起来最不可能实现。

## 5.8 部署系数可确保部署卫星总数根据各个里程碑的完成进度进行调整

4A 工作组提出部署系数，是为了避免主管部门因未能达到里程碑要求的部署完成率，而丧失对频率指配的权利。

在未完成里程碑的情况下，通过部署系数可以确定基于《国际频率登记总表》的最大卫星部署数量。

这种与未完成里程碑相关的方法，可以确保对《国际频率登记总表》相关内容的调节。通过部署系数，能够确定星座部署规模。在这种情况下，主管部门已经实际部署的卫星数量与部署系数相乘即得出最大卫星部署数量。①

完成里程碑指标的卫星系统，将有权维持已登记的频率指配，且《国际频率登记总表》中的指配登记继续保持不变。基于里程碑方法，根据卫星的实际部署情况，卫星星座的部署进展能够在《国际频率登记总表》中有所反映。

若未完成某个里程碑，则应调整《国际频率登记总表》，使频率指配登记内容与里程碑到期时卫星星座实际部署的轨道面数量以及每个轨道面上的卫星数量保持一致。②

可以合理地说，如果不采用部署系数，《无线电规则》第 13.6 款将对协调过程中的频率指配及卫星登记数量的调整造成影响。

《国际频率登记总表》登记了卫星星座的最大部署数量。部署系数在该数

① Ibid. *supra* note 21.

② Ibid. *supra* note 21.

量基础上进行调整。实际在轨部署卫星数量应当在《国际频率登记总表》中有所体现，两者应当保持紧密联系。

只有卫星部署数量接近里程碑要求时，部署系数才能发挥作用。否则，卫星运行将毫无意义。

## 5.9　第 19 届世界无线电通信大会召开前应当针对非地球静止轨道卫星系统启用机制采取过渡措施

出席第 19 届世界无线电通信大会的政策决策者应该考虑的另外一个关键问题是，法律的可预测性和不溯及既往原则。根据 4A 工作组的研究，考虑到在第 19 届世界无线电通信大会召开之前，基于里程碑方法的启用机制还未建立，采取过渡措施，可以为实施里程碑方法提供法律基础，即通过启用机制申报获得的权利应当得到保护。[①]

落实过渡措施将确保所有非地球静止轨道卫星系统能够公平地投入使用。过渡措施能够解决如下问题：某一非地球静止轨道卫星系统，在第 19 届世界无线电通信大会召开之前已经完成频率指配启用，但在第 19 届世界无线电通信大会召开之后，各轨道面实际部署的卫星数量少于计划数量。可以合理地说，卫星运管机构在第 19 届世界无线电通信大会召开之前完成频率指配启用，但没有完成所有申报卫星的在轨部署，就有必要采取过渡措施。

采取过渡措施是为了：1）确保主管部门无须再走一遍频率启用程序；2）确保里程碑方法能够适用于某些卫星系统。对于这些卫星系统，在频率指配启用时，由主管部门完成部署是需要遵守的唯一条件。

过渡措施可以解决的另一个问题是，在里程碑方法系统下，根据卫星实际部署情况，未完成里程碑指标将引发对《国际频率登记总表》中指配登记的调整。若不对此进行明确，根据《无线电规则》第 13.6 款，基于现行启用机制，感兴趣的主管部门可以质疑其他主管部门获得的权利。

第 19 届世界无线电通信大会通过何种里程碑方法将决定采取何种过渡措

① Ibid. *supra* note 21.

施。这就是为什么只有在第 19 届世界无线电通信大会做出决定后，才能实施过渡措施的原因。4A 工作组认为，过渡措施应该在第 19 届世界无线电通信大会结束时开始执行，并针对不同情况提前准备不同选项。针对不同情况，过渡措施不止一种。[①]

《CPM 报告草案》（2018）中提供两种过渡措施选项：第一种选项应用相同的里程碑、关联的时间表和所需的部署要求，并为里程碑的开始提供参考点；[②] 第二种选项包括设置不同的里程碑，这些里程碑取决于第 19 届世界无线电通信大会议项七问题 A 决定生效之前，卫星系统是否达到了七年规则期限。[③] 采用哪一个选项是政策问题，这也取决于第 19 届世界无线电通信大会通过何种里程碑方法。

## 5.10 在申报轨道面上保持在轨运行并发射接收指配频率的条件

第 19 届世界无线电通信大会应当明确，卫星系统连续保持 90 天在轨运行是否适用于非地球静止轨道的频率指配启用机制。

一方面，原则上提出保持 90 天在轨运行，是为了防止卫星轨位发生变化。这一点对于地球静止轨道是有意义的，但对非地球静止轨道没有意义。

另一方面，对于非地球静止轨道，不必保持连续在轨，对在 1 天或类似短周期内对卫星轨道面进行调整具有益处。例如，一颗非地球静止轨道卫星，从入轨后的较低轨道转移至最终的预定轨道，只需要一个指配频率，但需要在不同轨道高度对该指配频率进行申报，即便主管部门没有在中间轨道运行该卫星的意愿。

① Ibid. *supra* note 21.

② 3/7/1.3.2.2.1 - *Option* 1.……若非地球静止轨道系统频率指配的七年规则期限在大会确定的日期之后结束，里程碑的起始点将是七年规则期限结束的实际日期。若非地球静止轨道系统规则期限在大会确定的日期之前结束，里程碑过程的起始点将以该日期为基础。所研究的日期选项包括 2019 年 11 月 23 日（大会结束后的第一天）、2021 年 1 月 1 日和 2024 年 1 月 1 日。

③ 3/7/1.3.2.2.2 - *Option* 2.……在这方面，不仅会有一个不同的基于里程碑方法的参考点，而且实际的方法（即关联的时间表）将是不同的，它取决于七年规则期限结束的日期。若非地球静止轨道系统七年规则期限早于常规里程碑方法的开始日期，则增加额外时间……

如果必须设置连续在轨运行周期，那么就应根据不同类型的非地球静止轨道系统而实施不同方法。当前，4A 工作组提出三个选项，均记录在《CPM 报告草案》（2018）中，并准备提交至第 19 届世界无线电通信大会以进行决策（见表 5 - 2）。

**表 5 - 2　与确认投入使用相关的连续在轨运行周期选项①**

| 选项 | 描述 |
| --- | --- |
| A | 具有发射或接收指配频率能力的一颗卫星部署在申报轨道面上至少连续 90 天。基于《无线电规则》第 11.44 款的程序规则，适用于部分非地球静止轨道系统（2017 年版） |
| B | 具有发射或接收指配频率能力的一颗卫星部署在申报轨道面上连续时间为×天（1～90 天，待定义）。考虑到非地球静止轨道主管部门/卫星运管机构确认空间电台被部署在申报轨道面上可能不需要 90 天时间 |
| C | 无固定期限。主管部门在确认具有发射/接收频率指配能力的空间电台部署在某个申报轨道面后立即告知国际电信联盟[1] |

注：1.研究表明，对于某些业务，例如卫星无线电导航业务，不需要固定期限。主管部门/运管机构只需要确定是否将具有发射或接收指配频率能力的卫星部署到申报的轨道面上。这可能因系统而异，但不需要 90 天或更长时间的连续部署。因此，这些特定系统不需要固定的连续期限。

## 5.11　频率指配启用后的星座维护

近地轨道上的卫星寿命只有几年，这给卫星运管机构维持恒定数目卫星和定期更换卫星带来了一定困难。因此，频率指配启用之后，关于里程碑和卫星部署的问题仍值得讨论。这些问题包括卫星系统的暂停程序。当前，尚未明确里程碑方法是否适用于恢复启用（BBIU）程序，以及该程序如何反映在《国际频率登记总表》中。

但是必须指出，如果将里程碑方法用于保护权利，而非实现卫星系统投入使用本身，那么就有必要调整现行频率指配暂停和恢复启用程序。《无线电规则》第 11 条第 11.49 款（特别是第 11.49.1 款）的规定不适用于里程碑方法。对于恢复频率指配启用程序，卫星系统的部署完成率应与保留频率指配权利的部署完成率保持一致；否则，将无法继续使用该频率。因此，卫星星座一旦暂停部署，只有在完成所有里程碑，并且实际在轨卫星数量与《国际频率登记总

① Table3/7/1.3.1 - 1 in *supra* note 18.

表》中登记的卫星数量保持一致时，才能进行干预。

市场准入和服务成本是非地球静止轨道卫星系统频率指配启用之后面临的第二个且必不可少的步骤，下文将进一步阐述该问题。同样，如果大型卫星星座得以成功部署，那么讨论公平准入，特别是频率共享和免受有害干扰就十分重要。将频率指配给不同用户需要通过国家层面的频率管理来实现。国家层面上的另一种协调形式是使用优先权，它也可以用来规避大型卫星星座系统间的在轨碰撞。

## 5.12 国家许可——美国案例：太空探索技术公司和一网公司

美国联邦通信委员会与国家电信和信息管理局（NTIA）一起负有监管国家无线电频率的责任。美国联邦通信委员会对商业和私人等非政府用途服务颁发许可证，并对美国全国范围内的可用频率进行分配。①

早在 2017 年 6 月，美国联邦通信委员会就批准了一网公司的宽带卫星星座进入美国市场，这是全球范围内首个国家许可执照。得到许可后，一网公司开始制造更多卫星。美国联邦通信委员会批准一网公司在美国市场提供服务。虽然一网公司最先得到批准，但它并没有获得优先权。②

2018 年 3 月，美国联邦通信委员会对美国太空探索技术公司进行授权。美国太空探索技术公司从 2016 年 11 月起开始申请建造、部署和运营一个由 4 425颗卫星组成，并在全球提供固定卫星业务的非地球静止轨道卫星系统。③授权书提到，这一批准符合公众利益，将使太空探索技术公司为美国和世界各地的消费者带来高速、可靠和可负担的宽带服务。④

一网公司要求太空探索技术公司在其应用上安装安全缓冲区程序，以避免

---

① See http：//www. fcc. gov/engineering - technology/policy - and - rules - division/gerenal/radio - spectrum - allocation.

② FCC 17 - 77，2017，Order and Declaratory Ruling，OneWeb NGSO FSS System.

③ FCC 18 - 38，2018，IBFS File No. SAT - LOA - 20161115 - 00118—Application for Approval for Orbital Deployment and Operating Authority for the SpaceX NGSO Satellite System. ＜https：//www. fcc. gov/document/fcc - authorizes - spacex - provide - broadband - satellite - services＞ accessed 21. 09. 2018.

④ Part Ⅲ，paragraph 7.

两家卫星发生在轨碰撞。美国联邦通信委员会建议卫星运管机构之间达成协议，就相似轨道高度卫星系统的实际运行展开协调。只有在协议无法达成时，委员会才会进行干预，要求大范围调整卫星系统的设计和运管模式。[①] 这就形成了一项重要国家政策，将工作重点导向于卫星运管机构之间的协调，成为国际电信联盟协调工作这一国际义务的补充。不同的是，国际电信联盟开展协调工作是为了避免有害干扰，美国联邦通信委员会实施协调工作是为了避免空间碎片。

美国太空探索技术公司还回应了美国联邦通信委员会关于空间碎片减缓的问题，并表示将在任务结束后 1 年内于 300 km 的近地点高度开展空间碎片处置，以避免空间碎片在轨扰乱国际空间站活动。首次重大任务后处置将在 2025 年前后实施。[②]

2017 年 9 月，美国联邦通信委员会发布了《拟议规则后续通知和要求报告》。通过对监管内容的修订，对 2016 年发布的《拟议规则制定通知》第 2、25 部分中非地球静止轨道、固定卫星业务等相关事项进行了更新。修订反馈良好，大部分于 2018 年 1 月 17 日起生效。[③] 其中，一项关于非地球静止轨道里程碑的修订，规定了两个里程碑的实施，要求已授权的星座在第一个里程碑节点（6 年内）完成 50％的卫星部署。[④] 实施国家层面里程碑管理应被视为提高卫星运管机构意识的一项有益探索，但这只是对国际电信联盟举措的补充，国际电信联盟在实施里程碑最低要求方面具有优先权。美国联邦通信委员会关注的另一项文件是《非地球静止轨道固定卫星业务系统之间的频率共享》。美国联邦通信委员会决定，在诉诸违约机制之前，非地球静止轨道的卫星运管机构之间必须相互协调，真诚开展技术操作讨论，以实现固定业务系统的频率共享。[⑤]

---

① Part Ⅲ, chapter 11.

② Letter from William M. Wiltshire, Counsel to SpaceX, to Jose P. Albuquerque, Chief, Satellite Division (dated April 20, 2017).

③ FCC 17－122, *Report and Order and Further Notice of Proposed Rulemaking* [2017].

④ Ibid. *supra* note 38, pp. 20－23.

⑤ Ibid. *supra* note 38, pp. 15－18.

## 5.13　市场准入：非洲案例

大型卫星星座的新商业模式能否成功尚不能保证，主要挑战在于服务成本和市场准入两个方面。公司必须盈利，但向偏远地区提供互联网服务并指望从中获得利润来反哺商业发展可能不大切合实际。除了互联网业务之外，运营商们可能还会瞄向全球移动通信系统（GSM）业务市场，但是需要国家电信主管部门颁发的许可证才能实现市场准入。移动服务运营商在市场上有很强的地位，价格也很有竞争力，这使市场准入，包括取得许可证成为一大挑战。

价格因素无法预料，尤其是在20世纪90年代，如泰利迪斯、全球星、铱星和天空之桥等星座运营商都失败了。[①] 说到市场准入，一网公司计划借用当地力量，与当地互联网服务供应商和移动服务供应商合作，延伸而非替代现有网络。[②] 这一点很重要，因为终端用户向现有运营商而非一网公司交纳费用。一网公司只能要么选择在未经许可的频率上连接设备，要么使用合作运营商的频率来提供更好的覆盖服务。[③] 重复利用客户的设备有助于降低成本和开放源编码。[④] 接下来要讨论的问题是服务的可见性，这需要通过天线捕捉来实现。比如，一网公司已经宣布和休斯网络系统公司签订一项价值超过3亿美元的合同，合作构建地面网络系统。该系统设有支持多个测控天线的网关，能够为往返近地轨道卫星的操作和通信提供服务。

非洲是一个吸引大型卫星星座运营商的特殊市场。一网公司宣布向非洲提供“空中光纤”服务。[⑤] 问题在于，如何实现商业模式。比如：非洲会首先考虑智能农业和自动化技术吗？

2018年信息社会世界峰会（WSIS）第189次会议期间，《大型卫星星座为

---

① Bender，R.，*Launching and Operating Satellites*：*Legal Issues*，（pp. 54，Utrecht Studies in Air and Space Law - Vol. 18，The Hague，Boston：Martinus Nijhoff Publishers，1998).

② Tony Azzarelly，WSIS2018，Geneva，Room Popov 2，session 189，19 March 2018.

③ See：http：//www. oneweb. world/ # rural - coverage - for - mobile - operators.

④ Yvette Ramos，WSIS2018，Geneva，Room Popov 2，session 189，19 March 2018.

⑤ Ibid *supra* note 42.

最不发达国家的农村地区提供新技术》报告问世。报告提到，世界气象组织与一网公司之间可能进行合作，并将此视为解决最不发达国家财政支持问题的一个办法。同时，还提到世界银行。非洲的最不发达国家吸引了全球关注，稳定的政治环境能够吸引资金，并通过使用现有系统支持自动化技术的发展。对于大型卫星星座而言，试点项目可以成为展示其必要性和技术的第一步。[①]

在非洲，人们面临的挑战是技术的适应性和兼容性。在适应性方面，人们习惯于与曾经合作过的供应商合作。在兼容性方面，提供市场准入和市场连接必须付出大量努力。[②] 能源（电力）是商业发展的限制因素之一，因为偏远地区无法提供电力。此外，交通也是挑战因素，因为人群活动的一般趋势是向城市靠拢，但非洲代表团提出最重要的事情是如何把人们留在偏远地区。当地政府关心的另一个问题是如何吸引资源，避免资金流出非洲。[③] 在这方面，2018 年国际电信联盟世界电信展上，南非通信部长提出该国智慧包容的数字化未来计划，强调南非的目标是“不仅作为消费者，而且作为产品所有者”参与数字经济。[④]

非洲市场的潜在增长率约为 80%，这就是信息通信技术资金愿意投资发展非洲信息社会建设的原因。[⑤] 非洲应当拥抱新技术，应当意识到大型卫星星座弥合数字鸿沟的趋势。在非洲，当今年轻人的对外联系比此前任何一代人都更加紧密，但即便如此，非洲市场的增长潜力依然巨大。他们的领导人也认识到了这一点。科菲·安南作为联合国和非洲的领导人物，已认识到互联性的益处，并认为非洲互联网的发展应当立足当地、着眼全球。[⑥] 他说：“互联网可以把学习带到地球上最偏远的地区。”[⑦] 最新的数据显示，非洲家庭接入互联网的

---

① Betty Bonnardel，WSIS2018，Geneva，Room Popov 2，session 189，19 March 2018.

② Senegal and Cote d’ Ivoire，final discussions，WSIS2018，Geneva，Room Popov 2，session 189，19 March 2018.

③ Ibid. *supra* note 47.

④ See：https：//news. itu. int/south - africa - smart - digital - transformation/.

⑤ Dr. Cissé Kane，President ACSIS - SCASI，WSIS2018，Geneva，Room Popov 2，session 189，19 March 2018.

⑥ Kofi Annan，ITU interview May 15，2013，YouTube.

⑦ See：https：//news. itu. int/technology - can - improve - the - state - of - the - world - kofi - annan/.

比例仅为 18%，排在全球最末。与之相对，这一比例欧洲最高，接近 85%。[①]

国际电信联盟在《2018 年宽带状况报告》中提到："现在，宽带基础设施是至关重要的基础设施，与水和电网一样不可或缺。"[②] 国际电信联盟还讨论了第四次工业革命，计算机科学、数据科学、人工智能和云计算方面的重大技术进步导致的社会变革，以及 5G 宽带网络的巨大发展潜力。[③] 但"先发优势"背后的驱动力需要对"后发劣势"进行讨论，还需要对数字化基础设施进行战略投资。因此必须对市场准入进行讨论。最不发达国家也不应在数字化竞争中掉队。互联网应该让世界上另一半未联网的人也能使用，在新时代从教育、医疗、交通、农业和安全中共同受益。下一节将简要分析市场准入政策。

## 5.14 开放天空政策是市场准入的一种选择

人们可能好奇，开放天空政策对卫星通信业务产生怎样的影响，能否帮助大型卫星星座运营商更便利地进入国外市场？开放天空意味着国家级管理机构将对国内、国外卫星系统的使用实施同等管理要求和限制。[④] 在卫星市场准入方面，非洲总体采取开放天空政策。但尼日利亚政府对此提出质疑，表示将做出调整，增加相关许可程序和税费征收。不过，卫星行业对此始终表示反对。

作为支持非洲开放天空政策的一个案例，一网公司对尼日利亚商业卫星指南草案的公开意见征求书提出了意见建议。[⑤] 2018 年 2 月，尼日利亚政府发布《商业卫星通信指南草案》并征求公众意见。根据草案第 1 部分第 4（1）条一

① ITU，Measuring the Information Society Report 2017，Volume 1，pp. 13 - 18，ISBN 978 - 92 - 61 - 24511 - 5（Paper version），< https：//www. itu. int/en/ITU - D/Statistics/Documents/publications/misr2017/MISR2017 _ Volume1. pdf>.

② Philippa Bigs（ed），"The State of Broadband 2018：Broadband Catalyzing Sustainable Development"（ITU，ISBN：978 - 92 - 61 - 26431 - 4，pp. 6 - 10，September 2018）<https：//www. itu. int/dms _ pub/itu - s/opb/pol/S - POL - BROADBAND. 19 - 2018 - PDF - E. pdf> accessed：23. 10. 2018.

③ Kemal Husenovic，Iqbal Bedi and Sofie Maddens（ed），"Setting the Scene for 5G：Opportunities & Challenges"，（ITU，ISBN：978 - 92 - 61 - 27591 - 4，pp. 8 - 9；pp. 16 - 20，2018）<https：//www. itu. int/en/ITU - D/Documents/ITU _ 5G _ REPORT - 2018. pdf> accessed：23. 10. 2018.

④ EMEA Satellite Operators Association（ESOA），"Open Skies Policy - Market Access Principles for Satellite Communications"（www. esoa. net；2018）.

⑤ Via E - mail - March 12，2018，OneWeb position to Mrs. Yetunde Akinloye，Head，Legal and Regulatory Services Department，Nigerian Communications Commission.

般性条款的内容，尼日利亚政府要求对空间段增加许可程序。这意味着，国外主管部门授权的卫星服务供应商，必须从尼日利亚通信委员会处额外取得授权。另外，草案第 4 部分第 16（1）条《空间段》提出，国家通信委员会将在卫星生命周期内收取 1 万美元的空间段着陆授权费，以授权该卫星为尼日利亚客户及终端用户提供服务。[①] 一网公司反对改变开放天空政策，认为尼日利亚政府应当继续保持国际通行做法，包括支持开放天空政策以引入卫星服务。[②] 一网公司强调，非尼日利亚卫星运营商不应被要求，尤其不应以每颗卫星为基数征收着陆授权费，希望尼日利亚政府做出政策解释。对此，尼日利亚通信委员会没有做出明确答复，但也没有否认现行开放天空政策的有利政策，只是提出将在互惠的基础上审查这项规定，如果理由充分，空间段着陆授权费将面向一定数量规模的卫星征收。[③] 一网公司提出，希望针对星座整体而非每颗卫星征收费用。因为，向每颗卫星征收 1 万美元费用，对于低轨大型星座来说关系重大，毕竟卫星星座可能包含数百甚至数千颗卫星。但是，尼日利亚通信委员会只提到费用会涵盖运营商所拥有的全部卫星，并审查费用的适用范围。[④]

欧洲、中东和非洲区域卫星运营商协会要求尼日利亚通信委员会，对市场准入政策中空间段卫星运营商授权问题进行明确。[⑤] 尼日利亚通信委员会在公开征求意见报告第 15 条中明确指出，外国空间段卫星运营商如果通过当地服务供应商提供相应服务则无须获得授权，但必须确保当地服务供应商拥有尼日利亚通信委员会的许可证。[⑥] 此观点与一网公司的策略一脉相承，即卫星运营

---

① Nigerian Communications Commission，“Commercial Satellite Communications Guidelines”，(2017) <https：//www. ncc. gov. ng/documents/743 - guidelines - on - commercial - satellite - communication - 2017 - draft/file> accessed：19. 10. 2018.

② “本地服务供应商已经获得尼日利亚通信委员会的正式许可，符合相关监管要求并可向公众提供服务，因此对于向本地服务供应商提供卫星服务的卫星运营商，不应再要求获取着陆权。”

③ Nigerian Communications Commission，“Report of the Public Inquiry on the Draft Guidelines on Commercial Satellite”(Article 6，p. 5，30. 04. 2018) <https：//www. ncc. gov. ng/documents/796 - public - inquiry - on - the - draft - guidelines - on - commercial - satellite/file> accessed：19. 10. 2018.

④ Ibid *supra* note 60，Article 20，p. 9.

⑤ EMEA Satellite Operators Association（ESOA），and Global VSAT Forum（GVF）“Comments on Draft Commercial Satellite Communications Guidelines”（12 March 2018）：“欧洲、中东和非洲区域卫星运营商协会和全球 VAST 论坛认为，只有当外国空间段卫星运营商计划直接向尼日利亚终端用户提供服务时才会如此要求，如果是通过本地有执照的服务供应商则不应要求授权。我们希望您能确认这一点。”

⑥ Ibid *supra* note 60，Article 15，p. 7.

商与当地服务供应商进行合作，而不直接面向终端用户。总体来说，欧洲、中东和非洲区域卫星运营商协会向尼日利亚通信委员会提出了以下 7 条建议：1）保持开放天空政策的有利政策；2）保持卫星终端授权的公平竞争环境；3）明确在通过已取得许可的当地服务供应商提供服务的情况下，外国运营商无须获得空间段卫星经营者授权；4）明确访问活动地球站（ESIMs）少于 6 个星期时，无须获得当地政府授权；5）明确 1 万美元费用的征收对象是整个卫星系统而非单颗卫星；6）明确天线制造商应当获得型号认证，并得到尼日利亚通信委员会许可；7）协助尼日利亚通信委员会解决干扰风险问题。

目前，市场准入有两种方式。一种是开放天空政策，另一种则是更趋保护主义的政策，即需要着陆权。这些政策都涉及空间段的准入问题。如果一个外国空间段卫星运营商计划直接向终端用户提供服务，开放天空政策就十分重要，因为这是一项对国内、国外所有卫星都放开准入的基本监管原则。[①] 例如，在市场准入方面，开放天空监管原则不对外国卫星运营商提出技术标准登记以外的任何许可要求或费用征收，允许国家授权的卫星服务供应商选择任何卫星运营商，允许卫星服务供应商向国内外终端用户所在地区提供服务。开放天空政策基本上认可卫星运营商所在国的主管部门（国内许可主管部门）对空间电台的授权，因此无须在其他国家进行重复授权。[②] 关于市场准入，欧洲、中东和非洲区域卫星运营商协会总体提倡以下开放天空原则，以减少监管和市场准入障碍[③]：

1）不受限制地提供裸卫星容量。

2）为外国卫星运营商提供国民待遇。

3）消除当地实体和/或当地现行要求。

4）提供透明和非歧视的授权程序。

5）消除烦琐的频率协调要求。

6）消除垄断。

---

① Ibid *supra* note 62，2 - 3.

② Ibid *supra* note 62，p. 2.

③ Ibid. *supra* note 56，pp. 4 - 6.

7）允许传输视频信号和相关音频信号。

8）允许自由流通和使用卫星用户终端。

9）充分解决安全问题。

上述原则有利于推动大型卫星星座等系统进入市场。但上述原则并非与开放天空政策不可分割。相反，可以单独进行分析，并与国际通行做法一起研究。

据一网公司统计，总体上，有一半的亚洲国家（和一半的南美国家）要求着陆权许可（卫星运营商的市场准入）。业内人士认为，这是国内卫星行业保护主义，无法向消费者高效提供应用和产品。在某些国家（俄罗斯、印度、印度尼西亚）获得着陆权尤其困难，因为仅仅获得“监管”许可还不足够。在这些国家，外国运营商在被允许提供服务之前，还要求与其国内运营商进行协调。在实际执行中，也就意味着外国运营商必须适应当地的商业环境，而这并不是国际电信联盟所倡导的协调。外国运营商需要与国内运营商一起制定一个商业解决方案，才能获准在该国提供卫星服务，这个过程可能需要花费数年时间。（虽然巴西政府也要求在其国内开展协调工作，但是协调的对象是频率，并不要求外国运营商和国内运营商建立某种“合资企业”关系。）

“针对卫星通信服务许可的要求，只会将成本增加到终端用户。”一网公司在 2018 年不莱梅国际宇航大会的研讨文章中这样写道。开放天空政策对终端用户和运营商有利，运营商通过简单登记便能选择最好的基础设施，然而着陆权或其他国内服务许可要求则会对运营商造成种种限制，[①] 让其将注意力放在争取获得许可授权、豁免许可、在线申请程序以及预计时间表等事务上。“一揽子”授权对单个用户终端不设专门的许可要求。以“每兆赫兹”作为单位向未来大型卫星星座服务征收费用也被视为监管造成的额外负担，因为通常大型卫星星座需要使用较大的带宽。欧洲对非地球静止轨道卫星系统“移动地球站”的授权方式被认为是一种范例。欧洲电子通信委员会（ECC）通过了一系列决议，如 2017 年 ECC/DCC/（17）04 号决议豁免了针对单个卫星终端的许

---

① Ruth Pritchard - Kelly，Yvon Henri，“To Fully Bridge the Digital Divide by 2027，Making Internet Access Available and Affordable for Everyone - the non - GSO Constellation Response（Regulatory Best Practices）”［2018］IAC - 18，E7，2，12，x46476.

可，2018 年 ECC/DCC/（18）05 号决议豁免了针对单个移动地球站的许可。上述决议都采用一网卫星系统开展兼容性研究。

## 5.15　近地轨道大型卫星星座带来的空间碎片风险

大型卫星星座的发展对近地轨道空间碎片数量可能产生负面影响，进而危及外太空活动，这引发了越来越多的关注。① 关键系统的可靠性和微小卫星的功能性被视为空间碎片减缓的关键，如卫星寿命末期处置。在处置剩余寿命较短的在轨卫星时，最好能高标准落实这些关键环节。②

2018 年 4 月，在欧洲空间法中心（ECSL）从业人员论坛开幕式上，欧空局总干事约翰·迪特里希·沃尔纳博士谈到大型卫星星座时指出，与当前所展示的能力相比，需要紧急改进的是微小卫星的可靠性，包括卫星寿命末期处置能力。总干事强调，目前构成大型卫星星座的卫星中，有 15％为空间碎片。即 1 000 颗卫星中，有 150 颗为空间碎片。直观地反映出大型卫星星座带来的空间碎片风险。

国际电信联盟认为，空间碎片会对卫星轨道和无线电频率管理造成不利影响，可能会对国家和政府间组织的空间活动产生潜在负面影响。目前，国际电信联盟在空间碎片减缓方面，主要依托国际电信联盟无线电通信部门建议书（S. 1003－2）中关于地球静止轨道环境保护的相关条款发挥监管作用。国际电信联盟无线电通信部门建议书，是一套由国际电信联盟成员国和国际电信联盟无线电通信部门成员批准的关于频率和轨道管理使用的国际技术标准。

---

① Popova R.，Schaus V.，“The legal framework for Space Debris remediation as a tool for sustainability in outer space”［2018］<http：//www. mdpi. com/2226－4310/5/2/55> accessed：08. 10. 2018.

② Lewis H. G.，Radtke J，Rossi A.，Becl J，Oswald M.，Anderson P.，Bastida Virgili B，Krag H，“Sensitivity of the Space Debris Environment to Large Constellations and Small Satellites”［2018］，<https：//conference. sdo. esoc. esa. int/proceedings/sdc7/paper/507/SDC7－paper507. pdf> accessed：20. 10. 2018.

## 5.16 国际电信联盟在避免大型卫星星座轨道碰撞和空间碎片减缓中的作用

通过在地球轨道上部署由大数量小卫星所构成的卫星星座来提供宽带电信服务，使国际电信联盟更加关切如何保护在《国际频率登记总表》中所登记的指配频率和轨位。①

国际电信联盟没有针对近地轨道的无线电通信部门建议书。应当以地球静止轨道卫星系统的建议书为蓝本，出台非地球静止轨道卫星系统的类似文件。国际电信联盟无线电通信部门建议书应当成为空间碎片协调委员会和联合国指南准则的补充，提高近地轨道空间碎片减缓的国际共识，帮助各国通过国内立法落实国际准则。国际电信联盟无线电通信部门可以出台更加严格的规定，例如关于促进各国主动清除空间碎片的有关要求。国际电信联盟无线电通信部门建议书是国际电信联盟最高等级的非约束性文书。虽然不具备强制性，但影响力很大，并作为一种标准在全世界范围得到实施。国际电信联盟面向包括卫星运营商在内的私营实体，可与后者建立直接联系。②

2018 年 6 月，联合国和平利用外层空间委员会发布新版《外层空间活动长期可持续性准则》，提出国际电信联盟在确保无线电频率公平、合理、有效利用以及卫星轨道区域利用方面发挥了重要作用③。

需要强调的是，国际电信联盟成员国应当对空间活动的长期可持续性和无线电频率有害干扰的有效解决给予特别关注。④ 此外，对于结束运行段任务的航天器和运载火箭，应以可控方式令其离轨；做不到时，也应使其离轨，避免长期停留在近地轨道。

---

① Ibid. *supra* note 3，pp. 241.

② ALLISON A. L.，*The ITU and Managing Satellite Orbital and Spectrum Resources in the 21st Century*，(SpringerBriefs in Space Development. Cham：Springer International Publishing，2014).

③ Doc. A/AC. 105/L. 315，*Guidelines for the long -tern sustainability of outer space activities*，61th session of COPUOS in Vienna，20 - 29 June 2018.

④ Ibid. *supra* note 72.

## 5.17　结论

本研究提出近地轨道新商业活动的频率指配是一个挑战。为了回答这一研究问题，国际电信联盟 4A 工作组已经在改进监督框架方面取得了重要进展。这个监督框架专门用以解决非地球静止轨道卫星系统的频率指配启用问题。监管的目的是避免频率囤积现象，并避免主管部门封锁频率。4A 工作组在大会筹备会议上为第 19 届世界无线电通信大会议项七议题 A 提交了《所有非地球静止轨道系统频率指配启用，以及针对特定频率非地球静止轨道系统的基于里程碑部署方法的考虑》报告。第 19 届世界无线电通信大会将对报告提案做出决议。

由于主管部门没有处理大型卫星星座的经验，第一个里程碑最具有挑战性。第 19 届世界无线电通信大会必须建立一个明确框架，促进卫星星座公平准入、合理使用并免受有害干扰。同时，还应针对在第 19 届世界无线电通信大会召开之前完成启用的情况，对里程碑部署方案做出调整。

开放天空市场准入政策有利于大型卫星星座的建设。该政策向国内外商业卫星服务供应商、运营商均开放市场准入，不征收高昂费用，不对每颗卫星收费，不在本国主管部门给予卫星运营商空间段授权的基础上增加负担。该政策以互惠为基础，目前正在相当数量的国家不同程度地得到推行。监管机构必须考虑国际通行做法在本区域的效用，鼓励卫星技术创新，推动向终端用户提供低价服务。正在寻求市场准入的非地球静止轨道卫星系统，就能提供这样的服务。

本研究还提出了大型卫星星座造成的空间碎片风险，以及国际电信联盟对近地轨道的管理问题。国际电信联盟的成员国代表团应向国际电信联盟理事会提交关于近地轨道大型卫星星座的新文书。由于国际电信联盟注重保护轨位准入、确保频率指配和防止有害干扰，它同样应在近地轨道空间碎片减缓方面主动作为。国际电信联盟与其成员沟通以及与业界建立联系的方式，是支持其开展空间碎片减缓极为重要的手段。

**克劳迪乌·米哈伊·塔亚图**　拥有国际空间大学（ISU）空间研究项目（SSP18）学习经历。莱顿大学航空和空间法（IIASL）高级法学硕士，毕业论文题目为《巨型星座的当前挑战和法律前景：非地球静止轨道卫星网络空间站的频率指配及其投入使用》。国际空间法学会后备会员。欧洲空间法中心（ECSL）成员。拥有国际电信联盟实习经历，并获得罗马统一司法协会（UNIDROIT）研究奖学金。所著论文《太空交通管理：安全运营的首要任务》于 2017 年获得国际空间法学会颁发的迪德里克斯·弗斯霍尔奖。电子邮箱：c. taiatu@yahoo. com.

# 第6章 大型卫星星座的可持续性发展：对空间法的挑战

维尼修斯·阿洛伊亚（Vinicius Aloia）

**摘 要** 发射到外层空间的卫星数量正在大幅增加。绕地球轨道，特别是绕近地轨道运行的大量空间物体对空间活动的可持续性构成重大威胁，引起了空间机构的严重关切。一些空间机构正在试图通过遵循不具有法律约束力的空间碎片减缓指南来减少空间碎片的产生。指南是后条约时代惯用的一种空间法形式，具有自愿遵循性质。因此，目前监管空间碎片的国际规范不具有强制约束力。另外，这些减缓准则显然不够全面，现行法律和监管框架无法充分应对大型卫星星座带来的新挑战，尤其是空间碎片的扩散。作者希望讨论一些与未来大型卫星星座可持续性发展有关的问题及其法律挑战；试图提出可能的解决办法和重要建议，以强调国际合作这一实现人类外空活动可持续性的关键因素，保障所有国家自由进入外空，所有国家继续自由探索和利用外空，并免受有害干扰。

## 6.1 前言：从公到私

自1957年10月4日斯普特尼克1号卫星发射以来，“太空领域飞速发展，只有那些专注于太空领域的人们才有机会跟上太空的发展步伐”（詹克斯，1965）。[①] 然而，在太空领域，法律没有跟上技术的发展。这对于探索和利用外空来说，非常重要。

苏联斯普特尼克1号卫星是人类发射的首颗环绕地球运行的人造卫星。60年前，外层空间只留给最强大的国家和最有统治力的政府去探索。在斯普特尼

① Jenks CW，*Space Law*（Stevens & Sons 1965）3.

克发射后的几年中，卫星应用技术飞速发展，特别是通信和地球观测技术，但大部分卫星只用于军事用途。

由于不同的原因，私营实体或非政府实体[①]长期被排除在空间活动之外。外层空间在战略上政治上都具有重大意义，各国政府历来不愿委托他人与本国军队或空间政府机构一起探索和利用外空。此外，巨大的开发成本和过高的金融技术风险，也使潜在的开创者望而却步。即便不能说是完全没有，但私营空间商业活动的法律框架过去是、现在依然是相当不足的。在原则上欢迎私营空间商业活动的那些国家也是如此。

随着时间的流逝，开发成本不断下降，不断发展的空间技术逐渐开始吸引私营实体的投资。最初，私营实体与国家政府主要建立公私伙伴关系，并认识到可以将卫星用于科学研究、公益服务以及商业活动。其中，向私营和商业活动者开放的第一个空间活动领域就是卫星应用。在各国中，美国最为典型。[②]

最近，在空间活动领域，尽管大多数外空活动仍然由政府主导，但空间活动私有化和商业化的趋势日益增强，出现了所谓的“新航天”现象。[③④] 事实上，将近 80%的空间活动仍然由公共财政资助。[⑤] 但是，随着空间活动开始盈利，各方竞相参与空间活动成为十分清晰且不可阻挡的趋势。无论如何，必须慎重对待这种新的趋势。

“通常，一个地区的私有化与其商业化是相辅相成的”（艾迪·沃尔特，2011），[⑥] 赚钱和利润也是如此。不同的参与者们抓住机会、相互竞争，最后形成一个新的市场。可将空间商业化定义为“利用送入或通过外空的设备提供具有商业价值的货物或服务”[⑦]。而太空，非常有利可图。[⑧]

---

① See Article Ⅵ of the Treaty on Principles Governing the Activities of States in the Exploration and Use of Outer Space，including the Moon and Other Celestial Bodies（OST）.

② Brünner C and Soucek A，Outer Space in Society，Politics and Law（Springer 2011） 494.

③ Hobe S and others，Cologne Commentary on Space Law（Carl Heymanns Verlag 2009） 14.

④ Ibid 14.

⑤ https：//www. space. com/2401 - space - access - private - investment - public - funding - debate. html.

⑥ Ibid 493.

⑦ Ibid 493.

⑧ Brünner and Soucek（n 4） 135.

现在，新的举措正在促进空间商业化。[①] 商业航天利用价值百万美元的卫星和火箭，在我们日常生活中发挥着越来越重要的作用[②]。在这个过程中，数百千米高的太空与地球之间的联系也日益紧密。这看起来像是一个新现象，但实际上，追求盈利的航天企业已经发展了数十年。然而，空间活动的高度商业化和这种从公到私的转变，可能会带来无法弥补的代价。我们对此拭目以待。

## 6.2 通信卫星：从地球静止轨道巨兽到近地轨道小立方

商业卫星有各种不同的类型。在此必须强调，卫星具有双重用途，既可以军用，也可以民用。[③] 视其有效载荷和实际用途，它们包括地球观测卫星、气象卫星、通信卫星和导航卫星等不同类型。[④]这些卫星不仅在功能、大小和设计上不同，运行轨道也不同。

例如，通信卫星大多被部署在高度约 35 786 km 的地球静止轨道，在赤道面上以圆形路径绕地球飞行。[⑤] 从地球上任何给定位置观察，部署在此的卫星是静止不动的。原因在于，卫星在地球静止轨道上的运行速度是 3.1 km/s（11 600 km/h），约每 24 小时完成一次绕地飞行，与地球自转速度一致。在地球静止轨道，一个三颗等距通信卫星组成的星座，就能够确保通信范围覆盖全球。[⑥]

请注意，卫星通信是空间技术的首个商业应用领域。主要用于电话传输，

---

① Martin, Gary (25 January 2016). "NewSpace: The "Emerging" Commercial Space Industry" (PDF). *nasa. gov*. NASA. Archived (PDF) from the original on 24 June 2016. Retrieved 16 September 2018.

② https://www. extremetech. com/extreme/2688062 – 5 – reasons – space – exploration – is – more – important – than – ever.

③ Objects serving both military and civilian purposes. *See* Lyall F and Larsen PB, *Space Law a Treatise* (Ashgate 2009) 403.

④ Hobe and others (n 5) 8.

⑤ Tronchetti F and Dunk FG von der, *Handbook of Space Law* (Edward Elgar 2015) 798.
See also: For a description of the characteristics of the geostationary orbit see: K. U. Schrogl, Questions Relating to the Character and Utilization of the Geostationary Orbit, in *International Space Law in the Making: Current Issues in the United Nations Committee on the Peaceful Uses of Outer Space* (Eds. K. U. Schrogl & M. Benko) (1993); S. Cahill, Give Me My Space: Implications for Permitting National Appropriation of the Geostationary Orbit, 19 *Wisconsin International Law Journal* (2001), 231; F. Lyall, *Law and Space Telecommunications* (1989), 388.

⑥ Ibid.

视频会议，电视广播产业，飞机、船舶、移动电话通信，远程医疗，计算机产业等领域。

对卫星星座还没有明确的法律定义，但通常是指由两颗或多颗人造卫星组成空间段，在统一控制下同步运行，互相配合实现地面覆盖。[①]

经过 60 年的发展，地球静止轨道已经拥挤不堪。利用地球周围空间实现利润最大化并扩大全球覆盖范围的新想法，正在变为现实。其中，这些想法也包括发射由小型卫星组成庞大网络的大型卫星星座（又称为巨型星座）。在新航天时代和外层空间商业化之前，卫星应用通常非常昂贵。需要科学家和工程师队伍、高额投资（通常是数百万美元）以及数十年的开发测试才能实现。今天，伴随着以计算能力为代表的技术进步，[②] 任何人都能够实现卫星及空间应用的开发。[③]

大型卫星星座计划向近地轨道（或某些情况下为中地球轨道）发射非地球静止轨道固定卫星业务系统，以便实现卫星通信。部署在不同倾角近地轨道上的卫星承担任务各不相同。也就是说，组成卫星系统的数千颗卫星可能分布在不同倾角的圆形轨道以及数百个不同轨道面。[④] 此外，卫星星座还需要能大规模制造且单位成本低廉的卫星、频繁灵活的多载荷发射能力以及卫星在不同轨

---

① https：//en. wikipedia. org/wiki/Satellite _ constellation.

② See. Franklin D，Megatech：Technology in 2050（The Economist 2018）.

每个人都知道，现代计算机比过去的计算机性能更好。但是很难直观表达现代计算机的发展速度到底有多快。因为，没有其他技术的发展速度能够与之媲美。以汽车举例：假设从 1971 年开始，汽车的行驶速度以与计算机芯片相同的发展速度提高，那么到 2015 年，新车型的最高速度将达到 4.2 亿 mile/h，约为光速的 2/3，速度快到能够在不到 1/5 s的时间内驾车环游世界。到 2017 年底前，比光速快一倍的车型将开始进入展厅。

……

这种飞速的进步是英特尔创始人之一戈登·摩尔（Gordon Moore）在 1965 年首次提出的一个观察结果。摩尔指出，集成电路上可容纳的元器件数目每年增加一倍。后来调整为每两年增加一倍。摩尔定律已经成为一个自我实现的预言，为整个计算行业指明方向。英特尔和台湾半导体制造公司每年都要花费数十亿美元来研究如何不断缩小置入计算机芯片的元器件体积。一路走来，摩尔定律帮助建立一个这样的世界：从水壶到汽车（越来越多的汽车可以自动驾驶）都内置了芯片，数百万人在虚拟世界里得到放松，金融市场由算法玩转，专家们担心人工智能很快就会抢走所有工作。

……

摩尔定律使计算机变得更小。它们从占满房间的庞然大物转变成可放入口袋的纤薄平板。它还使计算机变得更加简单：一部智能手机的计算能力比 1971 年整个国家的总体计算能力还要强；一次充电就可以持续一天或更长时间。但最重要的影响还是使得计算机的计算速度更快。到 2050 年，摩尔定律将成为古老的历史。如果到那时工程师们还要保持计算机的发展速度，他们将不得不考虑使用新的技法。

③ https：//www. foreignaffairs. com/articles/space/2015 - 04 - 20/democratization - space.

④ Matas，Attila，*ITU Space Regulation –A Key Element to Access Space*，IAC – 18. E7. 7 – B3. 8. 6. x42748.

道面组合并可靠运行的能力（当前这已对由两三颗卫星组成的星座构成挑战性）。过去，电信、广播和气象卫星一般发射至地球静止轨道。[①]

毫无意外的，这就引发了许多与大型卫星星座有关的法律问题。不过限于篇幅，本章主要探讨与外空可持续性相关的技术、法律和政治挑战，包括部署大量空间物体对地球空间环境产生的影响，如何通过非法律手段促进国际组织和非政府实体解决空间碎片减缓问题，从而确保未来空间活动的可持续性。

美国太空探索技术和一网等航天公司雄心勃勃的计划推动了卫星星座的迅猛发展，引发了各国政府和国际组织对轨道碎片问题的严重关切。[②]

## 6.3 航天产业：各方平等参与空间活动和标准化制造是关键

空间应用大规模制造的标准化，是开发新卫星时能够降低成本的关键。

标准的立方体卫星航天器[③]是一种用于空间研究的小型卫星，体积一般为 10 cm×10 cm×10 cm 的倍数[④]。立方体卫星的重量显著低于普通卫星，电子结构部件通常使用商用现成（COTS）组件。考虑经济成本，大型卫星星座要求卫星制造规模化，因此上述特性非常重要。

如今，立方体卫星通常作为次级有效载荷通过搭乘运载火箭进行发射。这样有助于降低任务成本。与大尺寸航天器不同，立方体卫星还能通过搭乘货运飞船进入太空，然后由国际空间站上的操作人员将其送入轨道。这是通过火箭发射入轨以外，实现卫星入轨的一种替代方式。[⑤] 截至 2018 年 4 月，已有 800 多颗立方体卫星进入外空。

立方体卫星的意义还在于，它成为某些国家发射的首颗卫星。发射活动可

---

① Lyall F and Larsen PB，Space Law A Treatise 2nd Edition（Taylor and Francis 2017）248.

② https：//www.theverge.com/platform/amp/2018/9/28/17906158/nasa - spacex - oneweb - satellite - large - constellations - orbital - debris.

③ 见机构间空间碎片协调委员会的术语和定义，航天器——一种旨在履行具体功能或任务（如通信、导航或对地观测）的轨道物体。航天器无法再履行其预定任务的，被视为不起作用。（若航天器处于保留或备用模式以等待可能的重新启动，则被视为起作用。）

④ 10 cm×10 cm×10 cm 的卫星也被称为 1U 立方体卫星。——译者注

⑤ “In - Space Satellite Construction May Be Coming Soon”. *Space.com*. Retrieved 2018 - 09 - 29.

由大学[①]、政府或私营公司承担。芬兰政府的首颗卫星阿尔托 2 号（Aalto-2），[②] 就是由芬兰阿尔托大学的研究者和学生团队研制。[③] 纳米卫星和立方体卫星数据库给出了自 1998 年以来已经发射和计划发射的 2 000 多颗立方体卫星的数据。[④]

说到通信卫星时，人们长期以来一直重点关注部署在地球静止轨道的通信卫星（在地球静止轨道，通信卫星的轨位需求仍然最大[⑤]）。但如今，人们必须关注位于近地轨道 2 000 km 高度以下的通信卫星（尤其是宽带业务卫星）。美国联邦通信委员会自 1994 年以来，持续对该类卫星系统发放许可。[⑥] 在当今和不久的将来，近地轨道将成为空间活动的热点区域。[⑦]

尽管将通信卫星部署在地球静止轨道有很多优势，但也存在不少弊端：由于距离较远（距地表 35 786 km），将卫星送入轨道相对困难；为了到达地面目标，无线电信号必须非常强大。这就意味着，地球静止轨道通信卫星通常体积大、性能强，开发制造成本高昂。而相对的，近地轨道卫星尺寸较小。此外，无线电信号最快也只能以光速进行传播。受限于传播速度，通信普遍存在延迟（通常是单程 1 s）。信号从地面站到达地球静止轨道卫星，再从地球静止轨道卫星到达终端接收者，需要消耗一定的时间。

虽然部署在近地轨道，需要更多卫星才能满足全球覆盖，但其优势是延迟较短。而且，地球静止轨道作为有限的自然资源，在物理空间上其轨位是有限的。2006 年版《国际电信联盟组织法》第 44 条第 2（196）款规定，各成员国须铭记，“任何相关的轨道，包括地球静止轨道，均为有限自然资源，必须依照《无线电规则》的规定，合理、有效和经济地使用，以使各国或国家集团可

---

① https://www.nasa.gov/directorates/heo/home/CubeSats_initiative.

② Aalto-2 是芬兰发射的第一颗卫星，但不是芬兰研制的第一颗卫星。

③ https://yle.fi/uutiset/osasto/news/aalto-2_finlands_first_satellite_launched_into_orbit/9571387.

④ Kulu，Erik. “Nanosatellite & CubeSat Database”. *Nanosatellite & CubeSat Database*. Retrieved 28 September 2018.

⑤ 就所有权而言，地球静止轨道上的空间物体是最多样化的：超过 35 个国家和组织在那里拥有资产。Cosmic Study on Space Traffic Management 2006，25.

⑥ Viikari L，The Environmental Element in Space Law：Assessing the Present and Charting the Future（Nijhoff 2008）.

⑦ Cosmic Study on Space Traffic Management 2006，pp. 24，26. 2003 年，空间任务中，约 43%是近地轨道任务，38%是地球静止轨道任务。Ibid.

以在照顾发展中国家的特殊需要和某些国家地理位置的特殊需要的同时，公平地使用这些轨道……”[①]

大型卫星星座可以利用成百上千颗低轨小卫星来解决全球覆盖问题。自20世纪90年代中期以来，设计者和运营商对近地轨道大型星座有着日益浓厚的兴趣。这里，必须提及相关先锋者：由66颗在轨卫星和6颗备用星构成的铱星星座和由48颗卫星（名义上）构成的轨道通星座。另一些公司提出的近地轨道卫星星座的数量规模更大，由数十颗、数百颗甚至数千颗卫星组成，在相似高度和轨道面运行，希望以高数据率提供持续的全球通信[②]和因特网服务[③]，实现全球覆盖。

该市场领域出现了一批有力的潜在竞争者：太空探索技术公司计划在1 100 km高度部署约4 000颗卫星；波音公司计划在1 200 km高度部署2 960颗卫星；一网公司计划在1 200 km高度部署720颗卫星。2018年早些时候，一网公司已向美国联邦通信委员会申请授权再发射1 200多颗卫星。[④] 太空探索技术公司星链星座的构建目标是，建立一个低成本天基宽带网络，实现全球范围的互联网接入。根据联合国外层空间事务办公室（UNOOSA）的数据，[⑤]目前地球轨道上约有1 500颗活跃卫星和2 600颗不活跃卫星。太空探索技术公司需要发射4 000颗以上卫星才能实现预期的全球覆盖。[⑥]

可以看到，上述星座中的大多数卫星将首先发射进入约1 000 km高度的轨道，而后利用小推力推进器机动至预定轨道。为了实现持续性服务，大型卫星星座还必须定期发射新的卫星以替换老化卫星。

---

① Lyall F and Larsen PB（n 21）251.

② van der Ha，J. C.（ed.）Mission Design and Implementation of Satellite Constellations（Kluwer，Dordrecht，1998）.

③ https：//spacenews. com/us－regulators－approve－spacex－constellation－but－deny－waiver－for－easier－deployment－deadline/.

④ https：//spacenews. com/oneweb－asks－fcc－to－authorize－1200－more－satellites.

⑤ https：//www. pixalytics. com/sats－orbiting－the－earth－2018/.

⑥ https：//www. digitaltrends. com/cool－tech/spacex－starlink－elon－musk－news/.

## 6.4　新航天时代的困境：空间碎片问题

尽管许多卫星在燃料耗尽时仍能正常运行，但燃料对保持卫星在轨运行至关重要。当操作人员无法对星上部件进行控制时，即便所有部件完好无损，也会将航天器做退役处置。从长远来看，这种做法不可持续。卫星运管机构正在开展外空卫星加注、维修甚至重组的相关研究。这就是所谓的“在轨服务”，是防止空间碎片增加和拥挤的另一种方式。①

为了与环境相容，按照国际空间碎片减缓准则，退役卫星需要开展寿命末期报废处置（例如，将卫星在轨寿命限制在 25 年以内）。然而，考虑到由数千颗卫星组成的大型卫星星座，25 年轨道寿命的要求似乎不再适用。另外，根据减缓准则，根据当前太空交通现状，大体上可以接受 10％的卫星故障率。但当近地轨道卫星发射急剧增加，上述做法则不可持续。②

特别是，铱星星座已经投入使用。虽然采取了一些降低碰撞风险的措施，但是发生灾难性碰撞的可能性无法根除，因为星座所在的轨道正是空间碎片最为密集的轨道。对于一个规模合理的星座，发生灾难性碰撞风险的概率大约是每十年 10％。仅 2017 年，美国政府就记录了超 30 万次可能发生的空间碎片碰撞事件，而且问题还正在变得更加严重。③

近地轨道卫星星座结构的特殊性使得卫星解体事件尤其危险、后果尤其严重，可能由此引发连锁反应，导致更多碰撞事件。这被称为凯斯勒综合征，由美国国家航空航天局唐纳德·凯斯勒教授于 1978 年定义。他预测，这个现象将越来越普遍，并将产生无法跟踪的微小碎片，使地球周围的空间环境更加拥挤。根据该理论，大型空间物体与大型空间物体相撞，产生较小的空间物体。许多较小的空间物体再次相撞，发生连锁反应。最终，将产生数十亿个无法跟

① Rao RV and Abhijeet K，“Recent Developments in Space Law”［2017］112.

② http：//adsabs. harvard. edu/abs/2016cosp. . . 41E. 153B.

③ https：//www. businessinsider. com/space－junk－collision－statistics－government－tracking－2017－2018－4?r＝US&IR＝T&IR＝T.

踪的微小碎片，使卫星在离开地球时不可能不发生碰撞。[①] 更重要的是，如果产生的空间碎片，与相反方向绕地球运转的卫星相撞，那么碰撞速度将更高，碰撞概率也将更大。

卫星尺寸越小，越有可能不具备机动能力，从而更易与空间碎片发生碰撞。此外，近地轨道卫星的轨道面和轨道选择更多，也增加了进行协调的困难。但另一方面，与地球静止轨道相比，[②] 近地轨道空间物体距离地球更近，轨道稳定性更差，空间碎片造成的危险时间相对较短。从空间环境看，近地轨道在轨碰撞的影响可能相对不那么严重，但由于空间物体运行速度更快，空间碎片仍将带来较大的危险。

目前，估计共有 1 980 颗在轨运行卫星。[③] 空间碎片问题并非地球独有。如果未来人类在月球和月球周围的空间活动显著增加，那么月球轨道也可能充斥人造碎片。月球大气稀薄，空间碎片难以燃烧殆尽，情况可能将比地球更加严重。

预计近地轨道天体星座可能增加近 100%，近地轨道卫星质量至少增加 90%。机构间空间碎片协调委员会成员，包括欧空局，已经就近地轨道大型卫星星座的部署对空间碎片环境长期演化的影响进行了研究。[④]

研究分析表明，根据现行空间碎片减缓准则，对于近地轨道大型卫星星座，维持良好空间环境的主要评价标准是退役卫星离轨处置的可靠性。离轨处置的可靠性应当超过 90%。然而，在过去 25 年，近地轨道航天器寿命末期离轨处置的可靠性要求一直不足 20%。因此，达到 90%可靠性是一项重大技术挑战。

绕地球轨道运行的卫星数量不断增加，引起了空间机构的关注。1 cm 指甲盖大小的碎片以 35 000 km/h 的典型速度飞行，撞击产生的动能相当于质量 250 kg 的物体以 96 km/h 的速度撞击产生的动能。10 cm 大小的空间物体，撞

---

① https：//wiki2. org/en/Kessler _ syndrome.

② 根据机构间空间碎片协调委员会《空间碎片减缓指南》（见下文），地球静止轨道是一个具有零倾角和零偏心率的地球轨道，轨道周期等于地球的恒星周期。

③ https：//www. ucsusa. org.（截至本书作者发文时的数据——译者注）

④ Klinkard H，*Large satellite constellations and related challenges for space debris mitigation*. The Journal of Space Safety Engineering（Elsevier）.

击产生的动能大约为 7 kg TNT 冲击能量。一些航天飞机的窗户在遭遇撞击后不得不进行更换，后来发现这些撞击是由航天器外层喷涂碎片造成的。[①]

1993 年，从哈勃太空望远镜中取出了一个太阳电池阵，发现其表面存在数百个微小撞击坑。哥白尼哨兵-1A 卫星的太阳电池板被一块微小空间碎片击穿一处小洞。2017 年 5 月，宇航员蒂姆·皮克表示，一个直径只有千分之几毫米的航天器外层喷涂碎片在国际空间站的穹顶舱窗户上留下了一个严重凹痕。

国际空间站可以根据碰撞预警实施轨道机动，但对于大多数微小卫星而言，轨道机动无法实现。对于在轨长期停留的大型星座来说，发生碰撞的可能性很大。部署在约 800 km 至 1 400 km 轨道高度的卫星尤其危险，因为这里空间物体分布最多，而大气阻力却无法有效清除空间碎片。

空间监视网目前能够跟踪约 75 万个空间碎片，其中直径 10 cm 以上的约多有 1.6 万个，其余大多数直径在 1～10 cm 之间。[②] 有研究认为，此外还有超过 1.5 亿个小于 1 cm 的空间碎片。1975 年以来，人类已经开展了 8 500 余次运载火箭发射活动。[③] 目前，在轨卫星约有 3 000 颗，不足火箭发射数量的一半。而在轨运行卫星的数量更少，根据忧思科学家联盟的数据，仅有 1 738颗。[④]

空间碎片本身可能不算“有害干扰”，但它是一种潜在威胁。[⑤] 国际电信联盟对地球静止轨道的轨位进行登记，并按照地理区域为不同业务划分相应的无线电频率。此外，“协调各种努力，消除有害干扰，改进无线电通信业务中无线电频率的利用，改进地球静止轨道及其他卫星轨道的利用”。[⑥] 国际电信联盟《无线电规则》没有对非地球静止轨道固定卫星业务监管进行明确说明。非地球静止轨道固定卫星业务系统可被视为由许多具有类似特性和功能的卫星组成

① http：//curious - droid. com/254/will - space - junk - end - modern - way - life - kessler - syndrome.

② https：//swfound. org/media/99971/wright - space - debris _ situation. pdf.

③ http：//claudelafleur. qc. ca/Spacecrafts - index. html.

④ Union of Concerned Scientists，‘UCS Satellite Database’ www. ucussa. org/nuclear - weapons/space - weapons/satellite - database#. Wh3 _ 0kqnGM8.

⑤ Lyall F and Larsen PB（n 21）.

⑥ Viikari L（n 29）87.

的星座，使用固定卫星业务（编号 1.21）分配的频率，在统一控制下，运行在相似或互补的轨道平面，通过相互配合实现对地覆盖。非地球静止轨道固定卫星业务旨在“提供遍及全球的高速度、低延迟互联网宽带服务，服务范围包括那些利用地球静止轨道卫星都无法到达的地方”。[①]

较大的空间碎片包括失效卫星、火箭箭体、废弃防护罩以及镜头盖等。目前在轨停留时间最久的空间物体是 NASA 于 1958 年发射的先锋 1 号卫星以及发射卫星时所用的运载火箭上面级。事实上，尽管总数也不少，但失效卫星只占所有空间碎片的一小部分。

即使是喷涂碎片，也会给地球轨道上的空间任务带来严重威胁。2002 年，一个不明空间物体，被确认是 1969 年发射阿波罗 12 号登月任务时的未燃尽的火箭残骸。由于极端紫外线的照射，失效航天器的外层喷涂碎片可能脱落。虽然尺寸很小，但其在轨运行速度极快。这意味着，一旦发生碰撞，可能会造成严重后果。

NASA 和其他空间机构了解，空间碎片运行速度极快，对航天器与航天员的安全构成了严重威胁。不过，值得庆幸的是，从碰撞后果的严重性上看，迄今为止，实际发生的严重在轨碰撞很少。

然而，2009 年，俄罗斯失效航天器宇宙卫星与美国在轨商业通信卫星铱星相撞。美国宇航集团估计因这次碰撞产生了 20 多万个微小碎片。[②]

空间碎片的预期寿命主要取决于其所在位置。在较低轨道，大气阻力会使空间碎片降低轨道，并在坠入大气层后因摩擦升温而分解。在较高轨道，则几乎不存在大气阻力。尽管大气阻力具有清洁作用，但据计算可以预见，如果不在 25 年内清除寿命末期的近地轨道航天器，到 21 世纪后期，意外碰撞的次数将显著增加。[③]

地球具有自我清洁的能力。但这并非长久之计，因为空间物体不断从更高

---

① Matas A（n 20）.

② Ted Muelhaupt, *The Collision of Iridium* 33 *and Cosmos* 2251（Aerospace Corporation Crosslink Magazine, December 2015）http：//www. aeropsace. org/crosslinkmag/fall - 2015/the - collision - ofiridium - 33 - and - cosmos - 2251/.

③ Viikari L（n 29）36. *See* “Accidental Collisions of Cataloged Satellites Identified” 2005, p. 2.

轨道下降。问题主要是，空间物体的发射速度比地球清理垃圾的速度更快。那么，我们还能做些什么呢?

## 6.5　空间法概念

### 6.5.1　《外层空间条约》第六条：授权与监督

不可否认，新航天经济[①]正在重塑市场。开展空间活动的私营公司必须具备足够的竞争力，产生足够的利润来证明其活动的合理性。关于非政府实体，《外层空间条约》第六条规定，“有关国家”负责对其管辖范围内非政府实体的所有空间活动进行监管，特别是授权管理和持续监督。第六条还规定，各国承担对本国外层空间活动是否符合国际空间法的国际责任，包括非政府实体实施的空间活动。“负责确保空间活动的实施符合《外层空间条约》的其他规定”。[②]

然而，对私营活动的进一步详细规定，则需要以后的国际协定甚至国内法来实现。[③] 不过，落实条约相关规定的要求是明确的。国家对本国私营实体的空间活动负有责任，包括承担国际索赔责任中负责赔偿另一国的义务。因此，许可管理作为授权的先决条件，可以对遵守国际法进行约束。在授权管理和持续监督方面，监督机制也很重要。

随着空间日益私有化和商业化，各国纷纷起草国内空间法。然而，由于国际空间法并不完整，导致国内立法分歧较多，甚至在约束范围等基本要素上也有所不同。因此，法律的一致性问题凸显出来。

### 6.5.2　不具有法律约束力的文书：空间碎片减缓指南是否仍然适用?

近年来，对空间碎片问题的关注明显增多。尽管对于什么是空间碎片，[④]

---

① https：//www. esa. int/About _ Us/Ministerial _ Council _ 2016/What _ is _ space _ 4. 0 - *Commercialisation and privatisation of outer space* https：//bloomberg. com/news/features/2018 - 07 - 26/welcome - to - the - new - space - age. See also：https：//www. businessfinland. fi/en/for - finnish - customers/services/build - your - network/digitalization/new - space - economy/.

② Hobe and others（n 5）104.

③ Brünner and Soucek（n 4）504，*See* Treaty on Principles Governing the Activities of States in the Exploration and Use of Outer Space，including the Moon and Other Celestial Bodies.

④ Ibid 32.

仍然没有具有约束力的定义共识，但联合国和平利用外层空间委员会内部的审议文件中越来越多地使用这一术语。联合国和平利用外层空间委员会科学和技术小组委员会在空间碎片技术报告（1999 年）中使用以下定义："空间碎片，指位于地球轨道或重返大气稠密层不能发挥功能而且没有理由指望其能够发挥或继续发挥其原定功能，或经核准或可能核准的任何其他功能的所有人造物体，包括碎片及部件，不论是否能够查明其拥有者。"①

联合国空间条约缺少专门针对空间碎片的规定，这主要是因为最初谈判时没有将空间碎片视为一个问题。关于空间碎片监管的国际讨论始于 20 世纪 80 年代初，但直到 1993 年，才在世界主要空间机构的倡议下，成立了机构间空间碎片协调委员会。他们认为，微小碎片问题是无法解决的。因此，首先要避免产生碎片，各组织必须努力防止卫星和其他空间物体相撞。

这些准则确立了一系列旨在减少碎片产生风险的措施和良好做法，成为联合国和平利用外层空间委员会 2009 年制定并通过《空间碎片减缓准则》的基础。

减缓准则具有自愿性质，在国际法上不具有法律约束力。因此，当前不存在监管空间碎片的具有约束力的国际规范。尽管存在文书的可执行性问题，但空间机构十几年来一直在执行这份准则。准则包括以下七项规定：限制在正常运行期间分离碎片；最大程度减少操作阶段发生卫星解体的可能性；限制轨道中意外碰撞的可能性；避免故意自毁和其他有害活动；卫星失效后，最大程度降低因剩余能源导致卫星解体的可能性；限制航天器和运载火箭轨道级在任务结束后长期停留低轨区域；限制航天器和运载火箭轨道级在任务结束后对地球同步区域的长期干扰。②

此外，一些国家已经在国内空间立法中纳入了关于空间碎片减缓和防护的规定。③ 这些规定对于经过国家授权在外空开展空间活动的政府和非政府组织

① Ibid. *See* also：The term 'debris' could possibly also be replaced by 'pollutant', 'contaminant', or 'flotsam', for instance. *See* Fasan 1993, p. 282. Even space 'garbage' and 'wreckage' have been used. *See* Jasentuliyana 1998, p. 139 and Góbriel 1987, p. 113, respectively. Para. 6.

② Brünner and Soucek（n 4）605.

③ See, for example, The Finnish Act on Space Activities（63/2018）.

具有强制性。在国内空间法中加入这类规定，就是将非强制性的国际规范转化为至少在国家范围内可强制执行的规则。[①] 然而，在国内空间立法中对这类不具有法律约束力的文书进行正式引用，会产生理论和实践问题。例如，根据《外层空间条约》第六条授权非政府空间活动时，遵守“国际公认的标准和准则”是一个常见条件，但并不满足国内立法明确、具体和毫不含糊的要求。

此外，未来大型星座卫星的在轨最长寿命可能也将约定为 25 年。25 年之后，要么脱离轨道进入大气层燃烧，要么转移至被称为坟墓轨道的更高轨道。[②] 向坟墓轨道转移时，还应特别小心，避免其无线电频率干扰正在运行的卫星。

另一份相关文件，是国际标准化组织 2011 年发布的《空间系统——空间碎片减缓要求》(24113)。该文件规定了空间系统的设计和操作要求，以最大程度减少空间操作对轨道环境的影响。[③]

然而，这些文件在起草时都没有考虑到大型卫星星座。尽管付出了努力，但这些减缓准则显然不够全面，现行法律监管框架不能充分应对新航天时代大型卫星星座提出的新挑战。此外，如前所述，这些准则不具有法律约束力，而且仍有相当数量的国家没有签署条约，或是对某些或全部联合国条约并不认可。

### 6.5.3　技术解决方案：一条出路?

NASA 提出了一个名为“空间碎片消除系统”(SpaDE) 的解决方案。[④] 因为迄今为止还没有关于碎片清除的可行措施，因此该方案显得十分必要。“空间碎片消除系统”向目标碎片喷射气体脉冲，破坏空间碎片的轨道稳定性，迫使其再入地球大气层烧毁。

与此同时，欧空局也在开展相关研究，他们认为微小碎片的问题暂时无法

---

① Viikari L (n 29) 88.

② IADC Guidelines，supra n. 164. 25 年在轨寿命结束后对近地轨道卫星实施离轨操作，是一项有效阻止空间碎片增加的措施。然而，对于较高轨道，这种方法在经济上不可行。对于地球静止轨道航天器，目前最好的寿命末期处置机制是将其转轨到至少比地球静止轨道高度高 235 km 的坟墓轨道。目前，有一半的卫星被适当地转轨。*See also* Tronchetti F and Dunk FG von der，*Handbook of Space Law* (Edward Elgar 2015) 750.

③ Soucek A and others，*Space Law Essentials* (NWV Verlag GmbH 2016).

④ https://www.nasa.gov/offices/oct/early_stage_innovation/niac/gregory_space_debris_elimination.html.

解决，目前主要针对较大碎片进行研究。欧空局正在开展“欧洲离轨”（e - DeOrbit）空间碎片移除项目的研究，计划使用碎片移除卫星的机械臂对较大的太空垃圾进行网捕，并将它们拖入大气层一同烧毁。[①]“欧洲离轨”空间碎片移除卫星预计在2023年进行首次发射。

另一个有意思的尝试是英国的“碎片清除”（RemoveDEBRIS）项目。它是第一颗利用星载捕网技术清理太空垃圾的卫星，[②] 由萨里航天中心牵头的一个由航天公司和研究机构组成的联合研究团队研制。

以往的人类智慧表明，如果必须解决问题，人们就能解决问题。但在凯斯勒综合征[③]发生之前找到解决办法，才更有意义。什么时候必须解决这个问题谁也说不准。与此同时，随着越来越多的国家加入太空竞赛，每年运载火箭发射活动超过百次，这个数字还在不断增加，空间碎片的问题将会越来越严重。

### 6.5.4 挑战性问题的创新理念：太空交通管理

《外层空间条约》旨在确保自由进入空间并鼓励国际合作。[④] 在《外层空间条约》签署52周年之际，空间法律是否适应新航天范式呢？自由探索和利用“月球与其他天体”包括“自由进入天体的所有地区”，也包括自由进入地球轨道。“进入”一词应作为广泛理解，各国不得阻止其他国家自由进入，或在这方面制造困难。[⑤] 然而，不考虑探索外空的可持续性和环境影响而滥用外空，则会妨碍自由探索和利用的原则，违反《外层空间条约》第一条。

50年后的今天，在地球轨道的某些区域，空间物体所处的环境已经饱和。因此，某些国家出台准则、政策或空间法，要求空间系统的发射、部署、运行和报废处置必须能够限制空间碎片数量的增长。今后，卫星星座项目端到端的安全管理，将强制要求遵守“最佳做法”，在外空留下“近零”足迹。实现利

---

① http：//www. esa. int/Our _ Activities/Space _ Engineering _ Technology/Clean _ Space/e. Deorbit.

② https：//www. forbes. com/sites/bridaineparnell/2018/09/19/removedebris - uk - satellite - is - the - first - to - clean - up - space - junk/ # 3f07918d5940.

③ Jahku 1992，pp. 206 - 207. 这也被称为“级联效应”或“凯斯勒效应”。

④ *Cf*. Arts. I，II，IX，Outer Space Treaty.

⑤ Lachs M，Masson - Zwaan and Hobe S，The Law of Outer Space an Experience in Contemporary Law - Making（Martinus Nijhoff Publishers 2010）45.

用外层空间的可持续性，需要一个坚实的监管框架。但是正如前文所述，无论在国际还是国内层面，这一点都没能实现。在联合国和平利用外层空间委员会确立“外层空间活动长期可持续性”议程之前，这一关切已经明确。关于空间碎片减缓的讨论，引发了那场辩论。[①]

结合太空态势感知的概念，人们提出了一个新的更高层面的办法，即太空交通管理。太空交通管理是“为空间活动的安全、稳定和可持续性提供基础框架的一个概念”，[②] 是“促进安全进入外层空间、在外层空间操作和从外层空间返回地球而不受物理和无线电频率干扰的一系列技术和管理规定”。[③] “太空交通”一词在 20 世纪 80 年代已经使用，但是直到 20 世纪 90 年代末才开始进行详细讨论。讨论高潮是国际宇航科学院（IAA）2006 年的一项研究。[④] 这项研究成为第一个真正全面塑造外空利用新秩序的方法。

它不是建立在现有框架的演变之上，而是在外层空间利用方面迈出了大胆一步，将交通管理的概念引入太空领域。

虽然当时许多观察家对太空交通管理的表述和概念嗤之以鼻，但五年后，这种理念被学术界、政界（包括军方）和私营空间实体认真讨论。甚至，一些主要航天大国将这种理念纳入了国内立法。因此，必须将太空交通管理视为实现空间活动可持续性的主要方法。[⑤]

### 6.5.5　结论

如果作为监管制度考虑，这些方法似乎大体上解决了空间碎片问题。然而，新航天时代面临新的法律挑战。空间活动的可持续性无疑是其中一项。需要私营实体共同参与制定新的规则和法律方案，满足私营实体的需求，同时也符合现行空间条约并受后者制约。尽管签署空间法条约的时代已经过去，但航

---

① https：//www. un. org/sustainabledevelopment/development－agenda/.

② Schrogl K.－U.，Jorgenson C.，Robinson J.，Soucek A.，*Space Traffic Management－Towards a Roadmap for Implementation*，Paris，IAA，2018；Perek L.，Traffic Rules for Outer Space，International Colloquium on the Law of Outer Space（IISL），1982，82－IISL－09.

③ Jorgenson C.，Lála P.，Schrogl K.－U.，*Cosmic Study on Space Traffic Management*，Paris，International Academy of Astronautics（IAA）2006.

④ Ibids.

⑤ Brünner and Soucek（n 4）608.

天大国和尚不具备航天能力的国家需要再次同行，就如何最好地解决空间碎片和可持续利用外层空间的问题达成共识。否则，再经过 60 年的太空探索，未来那些还没有机会到达星空的人可能永远也无法到达。

**维尼修斯·阿洛伊亚**　拥有圣保罗天主教大学（PUC－SP）法学学士学位，是巴西律师协会成员。目前正在赫尔辛基大学攻读国际商业法法学硕士学位。侧重于空间法研究，特别关注外空商业利用及商业空间部门面临的法律监管挑战问题。欧洲空间法中心成员，完成欧洲空间法中心第 27 期空间法及政策暑期班学习。活跃于欧洲和巴西的空间法领域。电子邮箱：vinicius. aloia@helsinki. fi.

# 第 7 章　回应充满问题的轨道：为卫星星座法律监管的当前和未来提供法律确定性的框架

安东·德瓦尔·阿尔伯茨（Anton de Waal Alberts）

**摘　要**　第一代空间法体系，在冷战时期为多种类型的空间活动带来了确定性。除了五部空间条约之外，还制定了一些其他条约、准则和做法，以便在与卫星有关的空间活动领域内建立秩序。这些规则和准则，根据是否要求强制执行，分为硬法和软法两类。在这一时期，卫星产业被政府和一些大型私营承包商及公司主导。这些大型私营承包商及公司依赖政府项目生存，并垄断了允许私营运营的狭小空间。然而，新航天时代正在快速改变格局，许多新的私营实体已经进入并持续进入新的广阔空间市场。这种快速发展带来了许多第一代空间法体系无法根本解决的新的法律问题。因此，人们期望空间法能够提供更多的确定性，这就促使建立第二代空间法体系，特别是针对卫星产业。本研究努力创建一个框架，在卫星领域发生改变的新时代，为当前和未来提供法律确定性，帮助对相关问题进行优先级排序。

## 7.1　前言

第一个太空人造物体是苏联的斯普特尼克 1 号卫星。

1957 年，该卫星发射进入太空，让全世界震惊。今天，地球周围的空间充满了不同功能和类型的卫星。冷战时代催生了以国家利益和安全为发展重点的卫星产业，同时也促进了民用世界更加紧密的联系。在轨卫星提供的电信、通信和广播服务创造了一个数据信息云，能够覆盖全球范围的广大人群。由此，一种地球人人共享的态势出现了，而不再是过去那种国家、民族或团体之间的相互对立。冷战结束后，仅用了几年时间，互联网和其他通过卫星提供的通信服务，如手机和全球定位系统（GPS）就成为日常生活的一部分。

新航天时代见证了卫星产业中新的私营实体的爆炸式增长。这些参与者竞相提供成本更加低廉的传统服务，或是以物联网运营为代表的新兴服务。由这些空间活动产生的新问题，已经超过了第一代空间法体系的监管处理能力。因此，有必要了解与卫星有关的空间法现状，明确需要监管的新问题，以及在必要时为新航天时代构建第二代空间法体系。

本研究力求提供一个理解当前和未来空间法的总体框架，并专门为卫星产业提供一个适应性框架。

## 7.2 卫星的发展历史

### 7.2.1 冷战时期的卫星

冷战时期，卫星是在“共产主义东方”和“自由市场西方”之间太空竞赛的推动下发展起来的。卫星的研究和发展呈爆炸式增长态势。卫星普遍体积较大，功能不断拓展，从斯普特尼克1号的简陋信号发展到遥感（安全和商业用途）、电信和广播等各种类型。无论在东方还是西方，最初都是由国家设计、制造、发射和控制卫星的。然而，美国率先开始在政府的授权下与私营实体签订卫星开发合同，后来其他西方国家也竞相效仿。

由此，开创了信息、通信和电信时代。德韦萨斯等人指出，随着冷战的发展，“与此同时，通信公司开始进军全球通信这一新兴领域。火箭及其相关空间活动的出现，使得人类活动的三个领域发生了翻天覆地的变化。这三个领域分别是：军事（全球毁灭的威胁）、娱乐（全球电视广播）和信息交流（IT技术）”。[①]

自斯普特尼克1号卫星发射升空以来，卫星的研制、发射和运行管理构成了大部分空间活动。德韦萨斯等人对冷战时期和冷战结束时卫星产业的规模和

① Devezas T *et al*. 2012. The Struggle for Space: Past and future of the space race. *Technological Forecasting & Social Change*. Elsevier Ltd.

周期进行了以下有趣的分析[①]：

1）空间活动的整体强度在1968年达到顶峰。其中，卫星发射活动占82%。其余为其他空间活动，包括载人航天飞行任务。

2）在20世纪60年代至80年代的近30年中，平均每年进行150次卫星发射。

3）自1989年之后，卫星发射数量从平均每年113颗（20世纪70年代至90年代）下降至35颗，其主要原因是苏联解体。

私营企业的加入改变了这一低迷局面，下文将对此进行讨论。

### 7.2.2　新航天时代的卫星

冷战结束后不久，由于1995年以来商业卫星生产领域的强劲投资和产量增长，1998年出现了卫星发射的高峰，并一直持续到2002年。德韦萨斯等人指出，这段时间发射的商业卫星从平均每年5颗增加至42颗；从2003年开始，这个数字下降到平均每年15颗。[②] 他得出如下结论：

1）20世纪90年代中期，民用卫星任务数量迅速超过了军用卫星任务数量，冷战结束后不久就迎来了新航天时代。

2）自2005年前后以来，尽管运载火箭发射活动数量本身没有显著增加，但卫星入轨及在轨数量再次增加，原因是越来越多的发射活动采取一箭多星的方式。

3）随着能力更强、效率更高、体积更小的新型运载火箭的研发制造以及小型卫星的大规模发射，卫星的入轨数量还会继续增加。

随着小型卫星的出现，最后一种趋势已经日趋明显。手机等领域的技术发展为小型卫星提供了现成的解决方案和技术。越来越多的小型卫星，不仅体积更小，还能提供商业应用与服务，与大型卫星展开竞争。今天，小型卫星的体积变得更小，但是能够在全球市场提供更多的应用服务。小型卫星可以很快地在近地轨道上以集群或星座的形式围绕地球释放，可以提供当前由地球静止轨

① See note 1.

② See note 1.

道卫星提供的全球服务。目前，这些星座还没有太大野心，但其发展趋势是通过采用更强大的技术，与较大的传统卫星竞争。[①]

## 7.3 卫星系统

按照大小和用途，伍德和韦格尔对卫星进行了分类[②]：

1）传统商业卫星和政府卫星：质量大于 1 000 kg，能够提供高分辨率对地成像、科学探测、通信、定位授时、侦察监视等服务，预期寿命通常大于 10 年。这些卫星可以在距离地球 36 000 km 的地球静止轨道上运行。

2）小型卫星：质量大约为 100～1 000 kg，在更低轨道上提供对地成像、科学探测等服务，预期寿命为 3～7 年。

3）皮卫星、纳卫星和微型卫星：质量小于 100 kg，在近地轨道上提供技术演示、科学研究、非实时通信、教育教学等服务，预期寿命通常少于 1 年。微型卫星质量约 10～100 kg，纳卫星质量约 1～10 kg，皮卫星质量小于 1 kg。一种特殊的纳卫星是立方体卫星，满足 10 cm×10 cm×10 cm 的特定尺寸，质量约为 1 kg。

## 7.4 充满问题的轨道：新航天时代的问题

后冷战时代，世界进入多极化格局。再加上不发达国家的经济发展以及更易获得的空间技术，导致国际空间活动急剧增加。据德韦萨斯等人统计，1991—2010 年期间，先后成立了 30 余个国家空间机构，表明更多国家进入了太空领域。如果将私营实体开展的空间活动考虑在内，新航天时代的空间活动将成倍增加。

这一发展趋势引发了以下现实问题：

1）将进行更多的发射活动，构建更多由大型卫星和小型卫星组成的卫星

---

① Wood D，Weigel A. 2014. Architecture of small satellite programs in developing countries. *Acta Astronautica*. Elsevier Ltd.

② See note 6.

星座。航天和外空活动都会增加。

2）太空交通活动将急速增多，空间碰撞和空间碎片产生的概率增大。

3）小型卫星寿命周期短，可能在执行离轨操作前就已失效，从而导致空间碎片急剧增长。

4）空间技术获取门槛低，可能导致私营实体在不通知发射地所在国或联合国和平利用外层空间委员会的情况下进行卫星发射。

5）由于上述原因，“无国籍”的发射可能发生在公海未登记的船只或不属于任何国家管辖的岛屿上。

上述问题使人们面临充满挑战的轨道：

1）是否进行了合适的太空交通管理，能确保发射安全和轨道清洁？

2）是否制定了合适的规则，能确保对轨道进行监管以及对空间碎片减缓措施落实到位？

3）是否制定了合适的规则，能确保在轨碰撞后造成损害时能够明确界定责任？

4）是否采取了措施，能确保既减缓空间碎片又实现轨道清理？

5）是否采取了措施，能确保对私营实体的卫星发射和在轨释放进行全球监管？

这些问题总有一天是要回答的。为了确定现行第一代空间法体系是否提供了答案，以及是否必须制定第二代空间法体系，下面提出了一个分析框架。

## 7.5 空间活动框架

本章提出的一般性框架和卫星专用框架受到了基什国际空间法的启发。[①] 基什主张，在逻辑上将国内法与国际法分离，并提出因同样涉及划界、领土主权的禁止、管辖权等因素，国际公域（如极地、公海、外空）可适用相似规则。

基于基什的观点和作者自己的学术工作，本章提出的框架可被视为一种概

① Kish J. The Law of International Spaces. Leiden：Sijthoff，1973.

念的初期探索，后续将继续完善。[①]

### 7.5.1 一般空间框架

一般空间框架（GSF）是一个通用默认框架，内容涉及现行第一代空间法体系（现行法）和作为未来法律的第二代空间法（拟议法）体系。正如后续章节将要讨论的那样，随着新技术的发展以及人类活动向外层空间的不断拓展，一般空间框架可随时间推移进行调整和补充。还可从一般空间框架中提取更小的框架，聚焦特定产业或活动，如卫星产业。这一点将在后文进行讨论。

一般空间框架由以下要素组成：

（1）空间要素

地球轨道区：包括地球本身、空间大气层以及包含地球静止轨道在内的外层轨道空间。

星际探索区：包括距离地球最近的外层空间、人类最感兴趣的天体（月球、各种小行星和其他天体），以及火星。

外星际探索区：包括太阳系其他行星、太阳以及人类活动可抵达的宇宙其余部分。

（2）问题识别

与空间区域有关的各种问题在此识别并列出。问题识别是一个主观过程。然而，在某些方面存在国际共识，并能据此提出值得未来关注和监管的问题。这些问题分为近期、中期和长期问题。在总体上，与三个空间区域相关。

来自地球轨道区的近期问题：例如空间商业化问题，包括各类商业运载火箭和商业卫星。其他重要问题还包括太空交通管理、空间碎片管理、所有轨道面的轨位所有权和空间数据（大数据）管理等。

来自星际探索区的中期问题：例如月球、火星和其他近地天体（如小行星）的载人、非载人探测任务，以及这些天体的管辖权、主权和所有权。天体采矿和资源利用也很重要。随着技术的进步，以及政治上、商业上对这些新任

---

① Alberts A de W. Corpus Juris Spatiales：A Cosmological Framework for Jurists. LL. M（International Law）Dissertation. 1998. University of Johannesburg.

务的关注，上述问题可能很快就会成为近期问题。

来自外星际探索区的长期问题：例如太阳系及以远外空其他行星和天体的载人、非载人探测任务。如果新技术的发展使太空旅行成为可能，上述问题可能成为中期甚至近期问题。

正如上述例子中简要提到的那样，重要的是要注意到随着优先事项的改变和空间活动的增加，一些被定性为中期问题的事项可能会变得迫在眉睫。例如，根据 NASA 当前规划，探月活动很可能会变成近期问题。由于太空探索技术公司的计划，探火活动也有可能提前。

（3）监管

现行法：明确并概述某一确定问题的法律监管情况。

拟议法：关注任何可能存在的法律空白，并提出未来可能制定的法律。

图 7－1 为二维形式的一般空间框架概念示例，列举了上文概述的空间因素。对于一般空间框架概念的理解，还应注意：下文列举的例子是主观的，但可以说它们代表了重要的国际共识问题。另外，为了简洁起见，每个区域仅列举了一个用于确定当前和未来法律的问题。实践中可能会出现不止一个问题。

希望这一框架概念能够帮助空间从业人员避免局限于某一专业领域，而能了解全球空间活动的整体现状、与之相关的问题，以及适用于各种空间活动的法律和法律空白。

一般空间框架（见图 7－1）概念中确定的问题之一是卫星相关的问题。下面将设计一个具体的卫星空间框架（SSF）。

### 7.5.2　卫星空间框架

卫星空间框架（SSF）是一般空间框架（GSF）的典型应用。目前，适用区域仅为地球轨道区，该区域延伸至地球静止轨道。与一般空间框架一样，其内容也会发生变化，即卫星可能部署在月球、火星和星际探索空间区的其他天体附近，甚至外星际探索区。

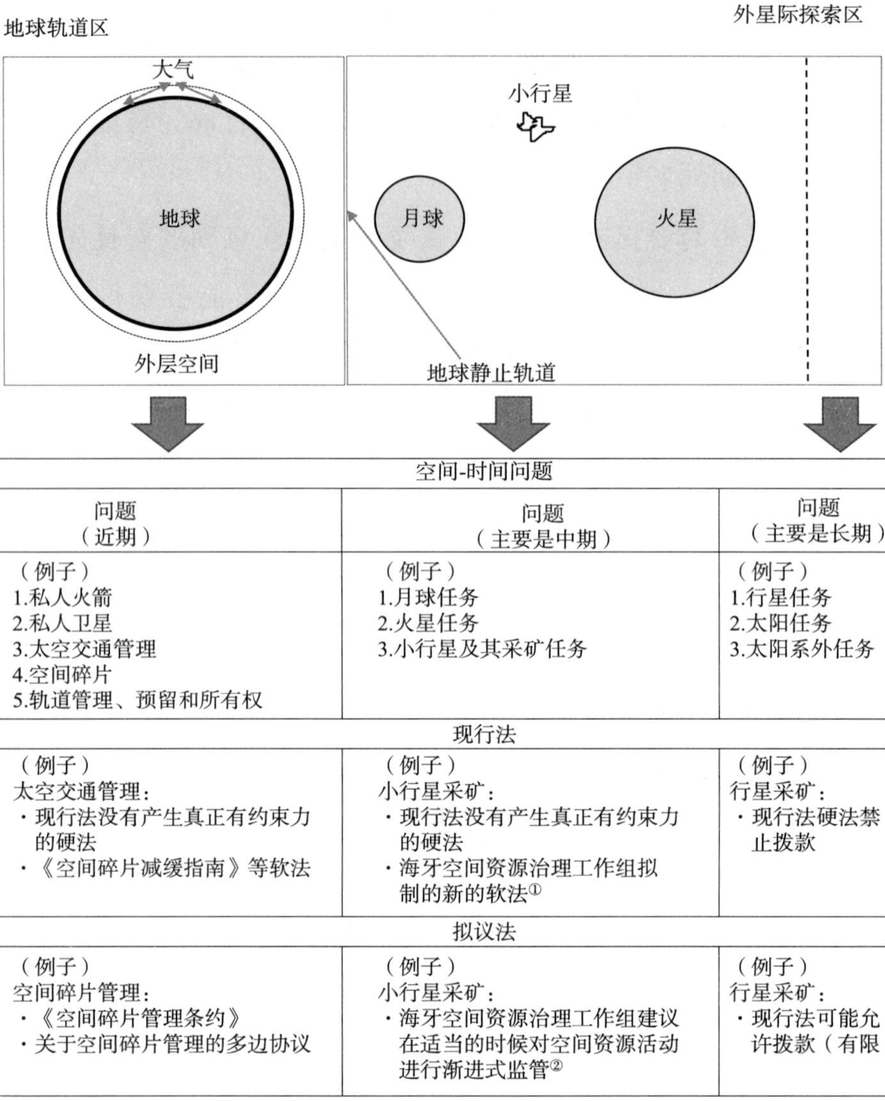


| 空间-时间问题 | | |
|---|---|---|
| 问题<br>（近期） | 问题<br>（主要是中期） | 问题<br>（主要是长期） |
| （例子）<br>1.私人火箭<br>2.私人卫星<br>3.太空交通管理<br>4.空间碎片<br>5.轨道管理、预留和所有权 | （例子）<br>1.月球任务<br>2.火星任务<br>3.小行星及其采矿任务 | （例子）<br>1.行星任务<br>2.太阳任务<br>3.太阳系外任务 |
| 现行法 | | |
| （例子）<br>太空交通管理：<br>· 现行法没有产生真正有约束力的硬法<br>· 《空间碎片减缓指南》等软法 | （例子）<br>小行星采矿：<br>· 现行法没有产生真正有约束力的硬法<br>· 海牙空间资源治理工作组拟制的新的软法[①] | （例子）<br>行星采矿：<br>· 现行法硬法禁止拨款 |
| 拟议法 | | |
| （例子）<br>空间碎片管理：<br>· 《空间碎片管理条约》<br>· 关于空间碎片管理的多边协议 | （例子）<br>小行星采矿：<br>· 海牙空间资源治理工作组建议在适当的时候对空间资源活动进行渐进式监管[②] | （例子）<br>行星采矿：<br>· 现行法可能允许拨款（有限） |

图 7－1　一般空间框架

卫星空间框架由以下要素组成：

（1）空间要素

地球轨道区：包括地球本身、空间大气层以及包含地球静止轨道在内的外层轨道空间。在此，关注的焦点是卫星，其活动操作区域确定如下：

① The Hague Working Group Draft Building Blocks on Space Resource Activities 2017.

② See note 9.

近地轨道：部署在此的卫星距地 500～1 500 km，以每圈 90～120 min①的速度快速环绕地球运行。

中地球轨道：部署在此的卫星距地 5 000～12 000 km，以每圈 2～8 h 的较慢速度环绕地球运行。

地球静止轨道：部署在此的卫星距地 35 800 km，保持与地球自转相同的速度，在地球表面投射一个固定的地理足迹。

（2）问题识别

与一般空间框架一样，问题识别是一个主观过程。但国际共识确实提供了更多的确定性。这些问题也可分为近期、中期和长期问题。

近期问题：确实紧迫的问题。例如，在新航天时代，卫星空间活动强度持续增加，已经超出了监管范围；私营实体之间日益激烈的竞争可能引发冲突和损害。

中期问题：这里，因为从冷战时期开始，数据和能力共享问题就一直是发达国家与不发达国家所争论的问题，因此，这两个问题也可以被视为近期问题。为解决这些问题已经做了许多工作，今后还应继续。然而，如果全球不平等变得加剧，那么这些问题将再次变得紧迫。至于不登记就实施发射活动的问题，随着私营竞争的加剧以及以初创企业为代表的商业公司不愿被官僚机构束缚的意愿，这种情况可能会越来越多。

长期问题：本阶段无法确定长期问题。

（3）监管

现行法：存在严重的法律空白，如果不加以解决，将产生巨大的不确定性、风险和争端。

拟议法：建议将监管作为第二代空间法体系的一部分，以填补法律空白。

理解卫星空间框架，还应注意：卫星空间框架是一般空间框架的典型应用。在此，整个地球轨道区是相关并可利用的，如图 7－2 所示。

当关注与距离地球更近的相关问题时，作为地球轨道区的一部分，其具体

① 原文为 10～40 min，应为笔误。——译者注

内容将发生变化。例如，如果问题是空域和外层空间的区域划分，那么讨论的重点则不会是前文空间要素部分以及图 7－2 所述的内容。

图 7－2 提供了卫星空间框架的二维图解。

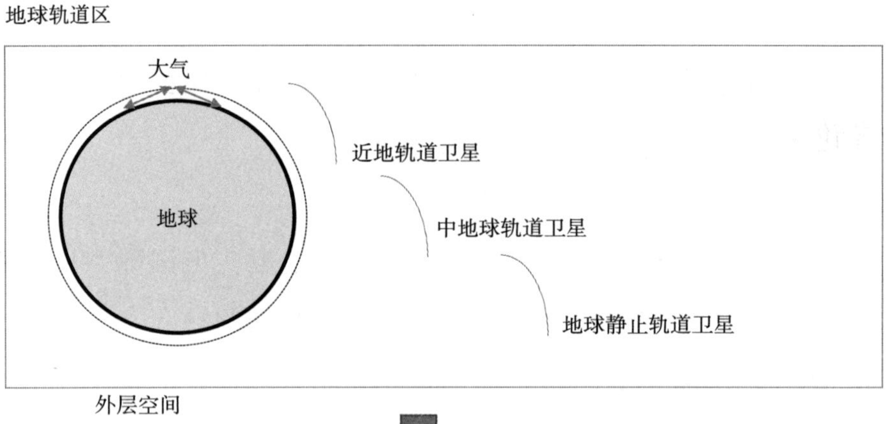


| 空间-时间问题 | | |
|---|---|---|
| 问题（近期） | 问题（主要是中期） | 问题（主要是长期） |
| 1. 太空交通管理<br>2. 轨道预留和所有权<br>3. 空间碎片管理<br>4. 责任管理 | 1. 与较贫困国家数据共享<br>2. 与较贫困国家能力共享<br>3. 未登记就实施发射活动 | 未确定 |
| 现行法 | | |
| 1. 太空交通管理：无正式国际法规<br>2. 轨道预留和所有权：无正式国际法规<br>3. 空间碎片管理：《空间碎片减缓指南》等软法<br>4. 责任管理：《责任公约》硬法[①] | 1. 与较贫困国家数据共享：一个持续的挑战，在共享某些信息方面存在非正式关系<br>2. 与较贫困国家能力共享：在一些国家间存在非正式和双边关系，但不存在全球义务<br>3. 未登记就实施发射活动：还不是一个趋势，但随着商业公司对现行法的挑战，此类现象可能增加 | |
| 拟议法 | | |
| 1. 太空交通管理：通过软法解决<br>2. 轨道预留和所有权：通过软法解决<br>3. 空间碎片管理：通过《空间碎片管理条约》或多边协议解决<br>4. 责任管理：在需要时完善硬法，明确模糊的问题 | 1. 与较贫困国家数据共享：《大数据条约》确保全球发展中的数据平等<br>2. 与较贫困国家能力共享：国际义务的空白可由条约或多边文书弥补<br>3. 未登记发射：现行法规定各国有向联合国外层空间事务办公室、联合国和平利用外层空间委员会登记所有发射的义务，因此必须采取多种授权强制各国执行 | |

图 7－2　卫星空间框架（2018）

① UNOOSA. 2018. Convention on International Liability for Damage Caused by Space Objects. Available at http：//www. unoosa. org/oosa/en/ourwork/spacelaw/treaties/introliability－convention. html（accessed on 8 October 2018）

上文所述的卫星空间框架是在卫星产业建立整体框架的首次尝试。尝试明确优先事项并试图为卫星产业提供全景式认知。后续将继续完善补充。

鉴于卫星产业的活动日益增多，并由此引发了复杂问题，设计卫星空间框架主要是为了解该领域提供一个简单的参考。

## 7.6　结论：回答问题

后冷战时代的到来和新航天时代的出现，造就了历史性的突破。私营实体成为空间活动的主体，与过去以安全为出发点的空间活动形成了鲜明对比。私营空间活动主要由卫星发射和在轨释放活动构成。

卫星活动的增加，使得卫星产业更加复杂，从而可能引发冲突。因此，了解卫星产业以及针对未来规划引发的相关问题的法律框架十分重要，还应了解存在的法律空白，并明确是否正在采取措施解决问题。正是在这方面，本章提出的卫星空间框架可以成为一个非常有用的工具。

卫星空间框架是一般空间框架的典型应用。一般空间框架力求为所有空间活动制定框架并提供整体概览，旨在使人们重点关注空间活动的任意方面，如本研究所述的卫星产业。

上述两个框架均为初始版本，未来还应进行完善补充。面对日益复杂的全球社会和空间产业，以上述框架形式展示简明有效的观点，有助于空间法从业人员为复杂的未来制订立法计划。

**安东·德瓦尔·阿尔伯茨**　南非高等法院的出庭律师，主要研究媒体法、通信技术和空间法。作为南非议会议员，是议会贸易和工业委员会正式成员，并致力于促进该国空间产业的发展。取得约翰内斯堡大学法律文科学士、法学学士和国际法法学硕士（优等生）学位。取得斯泰伦博斯大学未来研究哲学硕士学位。出版多部法律著作。目前，研究方向为空间法，并在政府与私营企业合作中积极推动发挥新时代空间法的作用。